Dr Julien
à hauteur d'enfant

Ouvrages du Dr Gilles Julien

Tous responsables de nos enfants – Un appel à l'action, avec Hélène (Sioui) Trudel, Montréal, Bayard Canada Livre, mai 2009, 285 p.

Vivre avec un enfant qui dérange, avec Lise Lachance, Montréal, Bayard Canada Livres, mai 2007, 176 p.

Enfances blessées, sociétés appauvries, Montréal, Éditions de l'Hôpital Sainte-Justine, novembre 2005, 256 p.

Aide-moi à te parler! La communication parents-enfants, Montréal, Éditions de l'Hôpital Sainte-Justine, septembre 2004, 144 p.

A Different Kind of Care, The Social Pediatrics Approach, Montréal, McGill-Queen University Press, septembre 2004, 208 p.

Soigner différemment les enfants – L'approche de la pédiatrie sociale, réédition revue et augmentée, Montréal, Les Éditions Logiques, mars 2004 (1re édition : 1999), 320 p.

Soigner différemment les enfants – Méthodes et approches, Montréal, Les Éditions Logiques, mars 2004, 170 p.

Votre enfant au jour le jour – De la naissance à 6 ans, Les Publications du Québec, 1987.

Dr Julien
à hauteur d'enfant

Libre Expression
Une société de Québecor Média

Catalogage avant publication de Bibliothèque et Archives nationales du Québec et Bibliothèque et Archives Canada

Vedette principale au titre:
Dr Julien à hauteur d'enfant
ISBN 978-2-7648-0586-2
1. Julien, Gilles, 1946- . 2. Pédiatrie sociale. 3. Pédiatres - Québec (Province) - Biographies. I. Titre: Docteur Julien à hauteur d'enfant.
RJ43.J84D62 2012 618.9200092 C2011-941875-4

Édition: Johanne Guay
Recherche et rédaction: Marie-Julie Gagnon, Jacques Lanctôt et Dr Gilles Julien
Direction littéraire: Pascale Jeanpierre
Révision linguistique: Marie Pigeon Labrecque
Correction d'épreuves: Isabelle Lalonde
Couverture: Clémence Beaudoin
Grille graphique intérieure: Chantal Boyer
Mise en pages: Hamid Aittouares
Photo de couverture: Sarah Scott

Remerciements
Nous reconnaissons l'aide financière du gouvernement du Canada par l'entremise du Fonds du livre du Canada pour nos activités d'édition.
Nous remercions le Conseil des Arts du Canada et la Société de développement des entreprises culturelles du Québec (SODEC) du soutien accordé à notre programme de publication.
Gouvernement du Québec – Programme de crédit d'impôt pour l'édition de livres – gestion SODEC.

Les Éditions Libre Expression
Groupe Librex inc.
Une société de Québecor Média
La Tourelle
1055, boul. René-Lévesque Est
Bureau 800
Montréal (Québec) H2L 4S5
Tél.: 514 849-5259
Téléc.: 514 849-1388
www.edlibreexpression.com

Dépôt légal – Bibliothèque et Archives nationales du Québec et Bibliothèque et Archives Canada, 2012

ISBN: 978-2-7648-0586-2

Distribution au Canada
Messageries ADP
2315, rue de la Province
Longueuil (Québec) J4G 1G4
Tél.: 450 640-1234
Sans frais: 1 800 771-3022
www.messageries-adp.com

Diffusion hors Canada
Interforum
Immeuble Paryseine
3, allée de la Seine
F-94854 Ivry-sur-Seine Cedex
Tél.: 33 (0)1 49 59 10 10
www.interforum.fr

« On s'apprivoise, on se reconnaît, puis on partage des jouets, des paroles et des émotions. On se comprend, on se découvre et on passe à l'action ensemble. Voilà le sens de la pédiatrie sociale, une méthode qui est une science, mais également un art : l'art de l'écoute, de l'échange humain et de la consolation. »

Dr Gilles Julien

Sommaire

Préface

Prendre prétexte de raconter la vie d'un homme pour parler des enfants, voilà à mon sens l'histoire de ce livre. Je suis un homme profondément touché par les enfants et constamment interpellé par les mauvais sorts subis par plusieurs d'entre eux. Je suis farouchement en faveur de la justice sociale et plus particulièrement d'une plus grande équité sociale pour les enfants. C'est tout le sens de ma mission.

Très tôt dans ma vie active, j'ai opté pour les enfants et j'ai ainsi passé la plus grande partie de mon temps à apprendre à les approcher et à mieux les aider. Là-dessus, il faut remarquer que j'en apprends encore tous les jours et qu'il ne semble pas que j'en aie fini de sitôt !

J'aime croire qu'ils sont bien avec moi à leurs côtés et que je contribue à améliorer leur vie. Je me sens à l'aise avec eux, plus d'ailleurs qu'avec la majorité des adultes. Ils me font confiance pour la plupart, même si certains d'entre eux ont toujours peur de mon stéthoscope ou de mon marteau réflexe, qui me servent souvent d'entrée en matière.

J'utilise tout mon pouvoir et mes connaissances pour servir leurs besoins et leurs droits de bien naître, de bien se développer et de réaliser leurs rêves. Ils me rendent heureux en me laissant parler pour eux et en m'autorisant à agir en leur nom. Voilà le vrai sens de ma vie professionnelle.

À hauteur d'enfant décrit une partie de mon parcours, mais dans ce livre vous allez surtout lire le mot « enfant » de façon répétitive pour que vous ne les oubliiez pas et pour vous rappeler qu'ils sont à notre hauteur, de vraies personnes, de vrais anges, et qu'ils constituent, chacun d'entre eux, la vraie lumière.

Dr Gilles Julien, pédiatre social

Introduction

C'est un quartier qui s'apprivoise comme une bête sauvage. Qui vous toise, l'œil vif, la méfiance tatouée comme autant de blessures de guerre. Un quartier où le blanc domine et où l'on règne souvent de père en fils sans, la plupart du temps, en traverser les frontières. Où les cris des voisins et les préservatifs abandonnés en pleine rue font partie du quotidien. Hochelaga-Maisonneuve est un pays en soi.

Ses statistiques ont de quoi étonner dans un Québec de plus en plus multiculturel : lors du recensement de 2006, 86 % de sa population était non immigrante et elle était composée à 85 % de francophones, nous apprend le Conseil pour le développement local et communautaire d'Hochelaga-Maisonneuve[1]. « En 2006, il y a 81 % (20 340) de logements privés loués et 19 % (4 730) de logements privés possédés sur les 25 070 logements privés », mentionne la même source. La même année, les familles consacraient 31 % de leurs revenus à payer leur

1. www.cdlchm.qc.ca

loyer et 42,3 % (19 818) de la population totale du quartier était considérée comme étant à faible revenu (moins de 17 784 dollars en 2005). À titre de comparaison, pour l'ensemble de l'île de Montréal, ce pourcentage était de 22 % à la même période.

Plus frappant encore, la population ayant des revenus inférieurs à la moyenne est concentrée dans le sud-ouest du quartier. On peut presque tracer les frontières qui séparent les pauvres du reste du monde sur une carte. Au sud de la rue Ontario, entre la voie ferrée, à l'ouest, et l'avenue Letourneux, à l'est.

En parcourant la rue de Chambly du nord au sud, on voit le paysage changer. Des condos neufs ont poussé entre les HLM et les immeubles décrépits. Entre deux bâtisses à la peinture écaillée se dressent fièrement ces constructions récentes, véritables miroirs grossissants qui leur renvoient le reflet amplifié de leur laideur.

Des organismes communautaires ont pignon sur rue un peu partout : Enfants de l'espoir Maisonneuve, Chic Resto Pop, Carrefour familial Hochelaga, Maison des enfants…

C'est cette contrée à la fois si lointaine et si proche qu'a eu envie d'explorer Gilles Julien au début des années 1990. Mais il a fait bien des détours avant d'y établir ses quartiers.

La Guignolée

Peu avant les vacances d'été 2010, d'importantes coupures ont dû être effectuées au centre Assistance d'enfants en difficulté (AED), faute de financement. En plus de devoir dire au revoir à neuf membres du personnel de la clinique, le Dr Julien a dû se résoudre à réduire de moitié les activités du projet de la Ruelle animée et du camp estival de stimulation précoce, deux volets importants pour aider les enfants les plus défavorisés du quartier à jouir de l'été tout en douceur.

Finalement, en août de la même année, le gouvernement du Québec verse une première tranche de 100 000 dollars, et entame alors des discussions sérieuses avec la clinique du Dr Julien. Il promet d'ajouter aux fonds déjà votés environ 500 000 dollars pour soutenir les services de base en pédiatrie sociale. Une entente est conclue en décembre 2010, quelques jours avant la Guignolée, qui prévoit un montant annuel de un million de dollars. L'espoir revient. Le Dr Julien est maintenant assuré d'un appui du gouvernement du Québec qui évaluera, de son côté, les retombées de la pédiatrie sociale en communauté (PSC). Puis, en novembre 2011, une bonne nouvelle s'ajoute: le gouvernement du Québec prolongera son aide financière annuelle de un million de dollars à la clinique du Dr Julien pendant les quatre années suivantes, sans que celle-ci perde son autonomie de fonctionnement.

Mais les activités entourant la Guignolée n'en demeurent pas moins essentielles pour le financement de la clinique. Cette Guignolée permet de prendre le pouls de la population, celle du quartier et, de façon plus générale, celle de tout le Québec, parents et non-parents, et de mesurer le degré d'appui que le projet social du Dr Julien suscite.

Nous sommes le 17 décembre 2011, quelques jours avant Noël. Il est huit heures et il fait -10 °C à l'extérieur. La neige est encore au rendez-vous cette année et le froid est particulièrement mordant. L'équipe de la Guignolée s'affaire à mettre en place les derniers détails de cette journée importante. Marie-Eve Desjardins, la responsable des bénévoles, et Diane Doucet, adjointe à la direction à l'AED, attendent l'arrivée de l'armée de bonnes âmes. Les quidams commencent à défiler, bonnets bien plantés sur la tête.

Chaque année, les bénévoles se bousculent pour prendre part à la Guignolée du Dr Julien. Mais avant leur entrée en scène, une équipe prépare, pendant des mois, cette journée. Deux femmes sont particulièrement importantes dans son organisation: Ève Christian, météorologue et chroniqueuse, et Caroline Lafrance, pigiste dans le domaine des communications et de l'événementiel. Ce sont elles qui ont lancé l'idée, il y a maintenant dix ans.

Fermé à la circulation, l'angle des rues Aylwin et Adam a des airs de fête. Impossible de manquer la bâtisse arborant arcs-en-ciel, enfants souriants, coccinelles, fleurs et libellules. Devant l'une des portes, des tasses de chocolat chaud sont distribuées gratuitement. En face, un stand de galettes de sarrasin ravit les plus gourmands, permettant, du coup, d'ajouter quelques dollars aux fonds amassés.

À deux pas, sous la grande tente, l'équipe de *Samedi et rien d'autre*, de la Première Chaîne de Radio-Canada, diffuse l'émission hebdomadaire qu'elle anime en direct depuis six ans. Si, en 2006, la première émission sur le sujet s'était déroulée à l'intérieur des locaux de la clinique, l'année suivante, on avait décidé de braver le froid, sous un chapiteau installé au coin des rues Aylwin et Adam, en invitant toute la population à participer à cette grande opération humanitaire, à quelques jours des fêtes de Noël et du Premier de l'an.

Bien emmitouflés dans leurs habits d'hiver qui les protègent un peu du froid, Joël Le Bigot et ses collaborateurs parlent des activités de la Fondation en plus de livrer le contenu habituel. La météorologue et chroniqueuse Ève Christian est la marraine de la Guignolée. Chapeau de mère Noël à grelots vissé sur le crâne, elle papillonne d'un invité à l'autre, visiblement heureuse de prendre part à cet événement pour la neuvième année. C'est elle qui, en 2003, a lancé l'idée d'une Guignolée, en compagnie d'une de ses collègues, Caroline Lafrance. À l'époque, les deux jeunes femmes étaient employées par le magazine *Enfants Québec*, où le Dr Julien signait une chronique mensuelle. Pourquoi ne pas offrir les cadeaux reçus par le magazine aux enfants dans le besoin ? s'était demandé Ève, alors rédactrice en chef, en plus d'être une salariée de Radio-Canada.

Joël Le Bigot, lui-même originaire d'Hochelaga-Maisonneuve, a accepté d'emblée l'idée d'Ève Christian de faire quelque chose pour offrir une vitrine à la cause du Dr Julien. « La Guignolée, c'est un événement festif malgré tout », observe la fée marraine. Personne n'en doute au coin des rues Adam et Aylwin. L'animatrice Monique Giroux, qui s'est fait connaître, entre autres, pour sa défense et son amour de la chanson française, était la recherchiste de Joël au début de l'aventure. Son père est né tout près de l'emplacement actuel de la clinique, au coin des rues Bourbonnière et Ontario. Elle se sent donc, elle aussi, dans son élément puisque toute sa famille paternelle a grandi dans ce quartier, et la cause des enfants, comme pour de nombreux bénévoles, lui tient à cœur tout particulièrement. Monique discute avec le parrain de l'événement, le comédien et animateur Christian Bégin, présent lui aussi depuis de nombreuses années. Pour Monique, Joël Le Bigot a toujours su garder l'esprit altruiste, généreux, humaniste et vrai de la Guignolée.

En face de la tente, les choristes des Voix boréales se réchauffent en alliant chants et chorégraphies, tandis que plus de cinq cents bénévoles sillonnent les rues de Montréal pour solliciter les dons de la population. Julie Desharnais, directrice de l'AED, sirote un café en parlant avec des membres de son équipe. Les gens se massent près du studio nomade. D'autres se font l'accolade. L'événement est l'occasion de nombreuses rencontres et retrouvailles. Les gens du quartier semblent apprécier cette invasion sympathique de vedettes de la télévision et du monde du spectacle.

« Ce que j'aime de cette Guignolée, c'est que nous voyons les gens que nous aidons, constate Caroline Lafrance. Nous réalisons aussi à quel point les gens sont généreux. Des enfants arrivent avec des pots Mason remplis de sous noirs qu'ils ont ramassés toute l'année. » Les dons en argent permettent à la Fondation du Dr Julien d'offrir des services directs à plus de deux mille enfants vulnérables et à leurs familles, par l'entremise de ses deux centres de pédiatrie sociale en communauté, l'Assistance d'enfants en difficulté, à Hochelaga-Maisonneuve, et le Centre de services préventifs à l'enfance, à Côte-des-Neiges.

Ces services incluent une évaluation globale de l'enfant, avec des actions conséquentes sur tous les plans, selon ses besoins : un suivi psychosocial pour les enfants et les parents, des consultations en art-thérapie, en musicothérapie ou en ergothérapie, des ateliers de stimulation ainsi que des activités sportives et culturelles qui stimulent le développement de l'enfant et l'épanouissement de son potentiel (camps de vacances, cours de théâtre, spectacles, etc.).

Tous les dons matériels (jouets, équipements sportifs, etc.) offerts durant la période de la Guignolée du Dr Julien permettent aux parents d'offrir un présent à leur enfant et d'apporter un peu de joie à la famille !

Cette année, Marie-Laurence Paré, conseillère en communication pour la Fondation du Dr Julien, a pris la relève de Jade Christian-Roy, la fille d'Ève, et c'est elle maintenant qui s'occupe de l'animation. Elle sort en trombe du bureau, tuque rouge calée sur les oreilles.

Au programme : une maquilleuse pour les enfants, les percussions de Samajam, les cracheurs de feu du Casse-Tête Show, des comédiens du Théâtre Tout à Trac, des danseurs de gumboots, une prestation des professeurs du Garage à musique, une chorale d'enfants du spectacle *La Mélodie du bonheur*, la présence réconfortante de Dr Clown, sans oublier les ineffables mascottes Urbain (STM), Qualinet et Youppi. Les enfants peuvent déjà se promener à dos de poney sur le site grâce à la participation du ranch Maiza Curly, tandis que le Réchaud-bus, une cantine mobile opérée par des employés et des retraités de la Société de transport de Montréal, offre nourriture et boissons chaudes à ceux que cette animation met en appétit. Le « vrai » père Noël, quant à lui, ne chôme pas et fait sourire petits et grands.

À la radio, c'est au tour des Voix boréales et des Petits Chanteurs de Laval de s'animer. Sous la direction de Philippe Ostiguy, tour à tour ils entonnent des chants de Noël. Les sourires se dessinent et les rêves commencent à poindre dans les yeux des enfants. La journée est pleine de promesses.

En 2010, Jeff Stinco et Sébastien Lefebvre, du groupe Simple Plan, tous deux parrains du Garage à musique du Dr Julien, avaient ravi le jeune public en signant des autographes avec plaisir. Ils avaient été fort impressionnés par la Guignolée. Cette année, des professeurs du Garage à musique ont pris la relève et sont venus faire montre de leurs nombreux talents musicaux.

À onze heures, l'équipe de *Samedi et rien d'autre* plie bagage. L'émission a été un franc succès. À la demande générale, la chorale refait son tour de chant, pour le plus grand plaisir de la mascotte Youppi, qui s'empresse d'aller taquiner Philippe Ostiguy. Quand le groupe de percussion Samajam s'installe, le public est déjà conquis. Et la fête est à son apogée ! Sont venus serrer la pince au Dr Julien et piquer une jasette, tout en apportant leur contribution à la Guignolée du docteur, Judi Richards et Yvon Deschamps, les journalistes Gilles Gougeon et Jean-François Lépine, l'animateur Guy A. Lepage, la ministre de la Famille Yolande James, l'ex-député Gilles Duceppe, des représentants de la DPJ de Laval, l'ex-joueur de hockey du Canadien de Montréal Georges Laraque, le ténor Marc Hervieux, entre autres. Un match de hockey bottine, organisé par le chroniqueur sportif Jean-Charles Lajoie, oppose deux équipes, où s'affrontent les jeunes du Dr Julien ainsi que le chanteur Daniel Boucher, Youppi et Georges Laraque, et c'est le Dr Julien lui-même qui fait la mise au jeu, avec la petite Cassandra.

Ce jour-là, le Dr Julien doit presque faire preuve d'ubiquité. Il enchaîne les entrevues : radio, télé, médias écrits. Émilie Russo, son attachée de presse, l'entraîne d'un lieu à l'autre. Un jour, au début de sa pratique dans Hochelaga-Maisonneuve, une dame est venue le voir pour lui dire : « Vous avez sauvé mes deux enfants et je ne l'oublierai jamais. » Elle voulait faire savoir au docteur qu'ils avaient réussi et qu'ils allaient bien désormais. Le Dr Julien s'en souvient encore et il se plaît à raconter cette anecdote, mais aujourd'hui son emploi du temps laisse peu de place à l'improvisation.

Chaque année, des témoignages bouleversants lui rappellent pourquoi il a choisi cette voie où rien n'est acquis à l'avance. « La Guignolée, c'est l'événement annuel qui me permet de continuer », confiera-t-il. C'est, à n'en pas douter, une source de motivation. Bien sûr, il y a l'argent qu'un tel événement permet de ramasser, mais il y a aussi toutes les marques de reconnaissance de la population, ce contact que pour rien au monde il ne délaisserait, et cela lui permet de persévérer, année après année.

Malgré tout, les attentes sont grandes et cela augmente la pression sur les organisateurs. Chaque année, la Guignolée prend de l'ampleur grâce à l'appui de partenaires dévoués et fidèles, comme Radio-Canada, les Marchés publics de Montréal et l'agence de communication orangetango, qui garantissent le succès de l'événement. En 2010, les sommes amassées ont dépassé le million. Mais si jamais cette pression diminuait, le Dr Julien penserait assurément qu'il n'a pas fourni les efforts nécessaires. Son équipe et lui ont traversé de nombreuses crises et, malgré tout, l'argent a toujours continué d'arriver. C'est tout de même rassurant, se dit-il. Pour le docteur, rien n'est jamais acquis et il se sent toujours fébrile, comme pour sa première Guignolée.

« Le jour où les gens – le vrai monde, celui qui m'accompagne dans la rue – vont venir me dire d'arrêter, je vais m'en aller », dit-il. Chaque chèque qu'il reçoit pour sa fondation est toujours accompagné d'un petit mot, d'un témoignage personnel. L'organisation de la Guignolée exige des efforts énormes, mais c'est aussi un événement rassembleur qui rassure le Dr Julien et lui prouve qu'il est sur la bonne voie. La véritable évaluation de son travail, elle vient des parents et des enfants qui sont fidèles au poste et viennent le voir, année après année.

Alors que la fête continue de battre son plein à l'AED, le Dr Julien s'éclipse pour aller encourager les autres bénévoles. Dans la voiture, il ouvre une enveloppe que lui a remise un enfant un peu plus tôt. « C'est moi », lui a-t-il simplement dit. À l'intérieur se trouve une photo de l'enfant, accompagnée de ce petit mot : « Que le temps des fetes soit le meilleur pour vous apporter beaucoup de soutiens. Merci Dr Julien de m'avoir apporté tous ces soin que j'avais tant besoin [*sic*]. XXX »

Si on lui demande quels moments l'ont le plus marqué depuis les débuts de la Guignolée, le docteur répond simplement : « Il n'y a que des moments marquants. Les centaines de personnes que je rencontre ces jours-là constituent toutes des moments marquants. »

Désormais, aux quatre coins du Québec, les nouveaux centres de pédiatrie sociale en communauté mènent leur propre campagne de financement. Pour la troisième année, des activités ont aussi lieu au Centre de services préventifs à l'enfance (CSPE), dans le quartier Côte-des-Neiges, en collaboration avec la Villa Sainte-Marcelline, la librairie Olivieri, la Maison de la culture de Côte-des-Neiges, la bibliothèque Interculturelle, l'arrondissement Côte-des-Neiges–Notre-Dame-de-Grâce et des écoles primaires du quartier. Le CSPE tout comme l'AED sont ouverts au public, qui peut visiter les installations et mieux apprécier les services offerts aux enfants.

À la librairie Olivieri, où le docteur s'arrête brièvement, des étudiants brandissent des pancartes sur lesquelles on peut lire, entre autres : « Soyez chic, donnez du fric. » L'an dernier, des auteurs – Perrine Leblanc, Danielle Fournier, Élise Turcotte, Nicolas Lavoie, David Paquet et Michel Lavoie – sollicitaient les passants, tirelires au cou. Dany Laferrière, toujours aussi jovial, allait jusqu'à arrêter les voitures pour recueillir quelques pièces de monnaie. Cette année, la fanfare Pourpour ainsi que des artistes du cirque et des chorales de la Villa Sainte-Marcelline et de l'école Félix-Leclerc participent à l'événement, tandis que pompiers et policiers du quartier permettent aux enfants curieux de visiter leurs voitures. Même la cavalerie est de la partie ! La troupe Samajam fait également la navette entre les deux cliniques.

Le docteur, accroupi, prend le temps de discuter avec un enfant. Quelques minutes plus tard, devant le centre de pédiatrie de Côte-des-Neiges, il accorde toute son attention à trois garçons d'une douzaine d'années venus à sa rencontre. Peu importe l'âge de l'enfant, la magie opère : il est, au moment où l'homme pose ses yeux sur lui, l'être humain le plus important de la planète.

Le docteur retourne ensuite au centre pour mieux repartir vers une autre destination. Cette fois-ci, c'est aux commerçants du marché Jean-Talon qu'il rend visite. D'autres représentants des médias l'attendent. La journée est loin d'être terminée.

La Guignolée 2010 aura permis d'amasser 998 662,28 dollars, tandis que celle de 2011, qui s'est déroulée dans les mêmes conditions, un peu moins, soit 974 000 dollars. Pour le Dr Julien, « c'est un effort considérable de la part de la population, qui a fait preuve d'une grande générosité en nous offrant cet appui tant espéré, surtout en tenant compte de la situation économique. Pour nos équipes, cela représente à la fois un encouragement à continuer et un soutien essentiel aux services que nous offrons aux enfants vulnérables ».

De l'enfance du Dr Julien aux balbutiements de la pédiatrie sociale en communauté

Gilles Julien naît à Grand-Mère, en Mauricie, en 1946, l'année où les Nations Unies créent l'UNICEF. À cette époque, l'Union Jack flotte toujours dans la Belle Province. La Loi sur la fréquentation scolaire obligatoire pour les six à quatorze ans est en vigueur depuis trois ans. Maurice Duplessis a repris le pouvoir.

Roland, le père du petit Gilles, travaille comme journalier dans une usine de chaussures. En plus de s'occuper de la maisonnée, sa mère, Rose-Alma Lavoie-Julien, vend des souliers à domicile. De nature plutôt timide, Gilles n'apprécie pas trop de voir déambuler chez lui tous ces clients.

Sa sœur aînée, Lise, et lui connaissent une enfance sans histoires. L'hiver, le jeune mordu de hockey aime chausser les patins, et l'été, se coiffer d'un chapeau de cow-boy. «Je me rappelle très peu la maison de mon enfance. Nous n'étions pas riches. La première dont je me souviens possédait une petite cour arrière. J'y jouais tous les jours. Un jour, ma mère m'appelle: "Viens! Viens!" Je vais la voir et lui demande ce qui se passe.

Elle me répond : "Je voulais juste être sûre que ça allait bien." C'est l'un de mes souvenirs les plus marquants de cette époque. Ma mère n'était pas expansive. Pour moi, c'est un souvenir important. »

Après la naissance de Lise, sa mère a perdu un bébé. « Je soupçonne d'avoir été un peu un bébé de remplacement. Je n'en suis pas certain. Je ne l'ai jamais vraiment su. »

Les Julien déménagent lorsque Gilles a cinq ans. Les enfants ont alors chacun leur chambre. Issue d'une famille de seize enfants, Rose-Alma envoie parfois son fils chez sa tante Gisèle, à Montréal. Cette tante vit pauvrement dans un logement au coin des rues Papineau et Mont-Royal, en face du Théâtre des Variétés. Gilles profite de ses séjours chez sa tante pour aller jouer au parc La Fontaine. À cette époque, le parc abrite un petit zoo très fréquenté. « On courait aussi un peu après les filles », ajoute Gilles en riant.

La vie des Julien est tranquille, jusqu'au jour où le père reçoit un diagnostic qui changera le cours de son existence et celui de sa famille : il est atteint d'une tumeur cérébrale. Il souffre de gros maux de tête permanents, perd souvent conscience et fait des crises de convulsions. Il sera opéré plusieurs fois. L'Institut neurologique pratique alors ses premières interventions au cerveau et les techniques n'étaient pas raffinées comme aujourd'hui.

Chaque déplacement pour une nouvelle intervention chirurgicale a des allures d'expédition familiale. Tous les deux ou trois ans, parents et enfants prennent le train et viennent passer quelques jours à Montréal.

Gilles se souvient bien de cette période. Il revoit son père, qu'on emmène dans le bloc opératoire, le crâne rasé. À cette époque, les médecins ouvraient le crâne à la scie. « Quand on lui enlevait ses pansements, c'était épouvantable à voir. » Il est opéré ainsi à six reprises et aurait pu mourir chaque fois. C'est une période extrêmement difficile pour toute la famille.

On réalise finalement qu'il est impossible d'enlever la totalité de la tumeur. Il s'agit d'une tumeur bénigne, mais elle regrossit et crée beaucoup de pression.

Encore aujourd'hui, quand le Dr Julien passe devant l'Institut neurologique de Montréal, ces images lui reviennent en tête. « Chaque fois, j'y pense. Je me revois dans la fenêtre, en haut… »

La mère du jeune Gilles met les bouchées doubles afin que la famille arrive à joindre les deux bouts. Car l'assurance maladie n'existe pas à cette époque, et les séjours du père à l'hôpital ne sont pas remboursés.

L'impuissance de l'enfant face à la douleur n'est certes pas étrangère au choix de carrière de Gilles Julien. Son père est, pour lui, un véritable modèle, un modèle qui souffre énormément, et Gilles est affecté par cette vulnérabilité : « Le souvenir que je garde, c'est celui de mon père assis, avec la tête qui menace d'exploser. » Aujourd'hui, il a créé ses propres méthodes, qui lui permettent de jouer un rôle et d'intervenir, ce qu'il ne pouvait pas faire à ce moment-là.

Malgré tout, Gilles insiste pour dire qu'il a passé de bons moments avec lui. Il se souvient que son père aimait la pêche et qu'un jour il a attrapé à ses côtés son premier poisson, un doré, dans le Saint-Maurice.

De la situation précaire de ses parents est née une certaine révolte. Ils travaillent beaucoup et parviennent difficilement à joindre les deux bouts. Jamais ils ne se paient de luxe et ils investissent tout pour que leurs deux enfants puissent, eux, s'en sortir. Ce sont des gens courageux et fiers, et Gilles regrette que ses parents soient décédés avant qu'il connaisse une certaine notoriété. Il était certes déjà médecin, mais c'était avant qu'il se fasse remarquer pour sa manière de faire les choses différemment. « Ils en auraient été très fiers, ça c'est certain, mais ils ne sont plus là. »

Ironie du sort, son père est décédé d'un cancer du poumon.

Les études

Quand vient le temps pour le jeune Gilles de poursuivre ses études, le patron de son père, le président de la compagnie Grand-Mère Shoe, propose de payer les frais de scolarité de l'étudiant. Une chance inespérée pour celui-ci. Il se retrouve ainsi au séminaire Sainte-Marie de Shawinigan. Ses parents l'encouragent fortement à faire son cours classique. Ils auraient pu refuser par orgueil ou parce que le collège est tout de même assez éloigné de la maison familiale. À cette époque, faire des études classiques signifiait se retrouver dans une autre culture, et le Dr Julien peut encore le constater aujourd'hui chez les enfants des quartiers plus vulnérables. « Envoyer un enfant à l'université, ça peut créer des tensions dans les familles, car elles voient la possibilité d'éloignement qui va en résulter. Les écarts sont souvent trop grands. »

C'est au séminaire que son intérêt pour les causes sociales se révèle. Dès que l'occasion se présente, il s'empresse d'aider des personnes dans le besoin, notamment des personnes âgées. Il fréquente aussi ce qu'on appelle les

« Chantiers étudiants » et les « Routiers ». Une des tâches consiste à ramasser des jouets pour les enfants pauvres.

À la même époque, il dirige également le journal de la Jeune Chambre de commerce de Grand-Mère. C'est ici, dans ce média local, qu'il commence à diffuser un message plus social.

À la fin de ses études collégiales, l'envie d'œuvrer dans un domaine social et auprès des enfants se précise. Entre les trois professions qui ont la cote dans les années 1960 – le droit, la prêtrise et la médecine –, le choix ne se révèle guère difficile. Il ne veut être ni curé ni avocat ! Il décide donc de devenir médecin, mais pas n'importe lequel : il œuvrera auprès des enfants, à l'image de son idole, Albert Schweitzer, le célèbre médecin, philosophe, théologien, musicologue et récipiendaire du prix Nobel de la paix en 1952. Gilles l'admire parce qu'il a créé un hôpital en pleine brousse africaine et parce que c'est un artiste. En effet, Schweitzer joue du piano. Il est fasciné par ce personnage qui a construit un système pour aider des gens à partir de presque rien. Il a consacré sa vie à la défense de la cause des enfants, tout en participant à des concerts de piano classique. Ce docteur a su combiner l'art et la science et, à ce titre, il semblait plutôt original. Dans le journal des finissants du collège, les amis de Gilles n'hésitent pas à le définir comme le « futur Albert Schweitzer ».

Gilles Julien entre à l'Université Laval, à Québec, en 1966. Pendant ses études en médecine, le jeune homme poursuit son implication sociale. Il veut terminer sa pédiatrie le plus rapidement possible. Aussi exige-t-il que sa dernière année porte exclusivement sur la pédiatrie, ce qui ne se fait pas à ce moment-là. Mais, encore une fois, Gilles innove et ouvre des portes.

Comme lorsqu'il gardait ses cousins et ses cousines à l'adolescence, la magie opère. Le bonheur de côtoyer les bambins est intact. Les enfants représentent pour lui des êtres vulnérables qui ont besoin d'accompagnement. Ils sont pleins de potentiel, et il a une grande facilité avec eux. Cette aisance est demeurée et elle le sert encore aujourd'hui puisqu'elle lui permet de les approcher et de les comprendre facilement. L'étudiant abhorre déjà les contraintes. Il effectue sa résidence au Montreal's Children et la termine à l'hôpital Sainte-Justine, ce qui est plutôt inusité. Normalement, on commence et on termine sa résidence dans la même institution. Mais comme il y a deux hôpitaux pédiatriques à Montréal, il lui semble tout à fait normal d'expérimenter les deux endroits, même si ça complique les choses. «J'ai apprécié les deux, raconte-t-il, et je ne comprends toujours pas pourquoi ces hôpitaux se boudent et ne sont pas parvenus à fusionner pour le bien des enfants. C'est une aberration totale. Ils devraient être complémentaires. Pourquoi ces antagonismes-là sur le dos des enfants, sans parler des frais supplémentaires que cela représente pour l'État? Je suis très critique et je vais toujours l'être, c'est mon côté plus radical.»

La première expérience professionnelle

En 1974, diplôme de pédiatre en poche, le jeune Dr Julien doit choisir où commencer sa pratique. Ce qu'il veut avant tout, c'est travailler près d'un milieu urbain et faire de la pédiatrie à sa façon. Il ne souhaite pas demeurer à tout prix dans une grande ville où l'on trouve toutes les spécialités. La pédiatrie générale ne l'intéresse que si elle lui sert à tout faire pour les enfants sur tous les plans, pas seulement sur le plan physique.

Après avoir obtenu l'appui du Collège des médecins, il transporte ses pénates à Lévis avec deux amis qui viennent aussi de graduer. Il devient chef du département de pédiatrie de l'hôpital. Au début, les choses vont rondement et les jeunes pédiatres touchent à tout. C'est ainsi qu'ils ont été formés. Ils interviennent même chez les prématurés et amorcent une pratique à leur goût, proche des gens.

La population de Lévis adopte rapidement ce nouveau venu. Le Dr Julien s'installe dans une ferme à Pintendre, à sept kilomètres de Lévis, avec sa femme et ses jeunes enfants. Il doit pouvoir se rendre à l'urgence assez rapidement. Mais en cas de tempête de neige, c'est une autre histoire. Il lui arrive d'être bloqué pendant deux ou trois jours à cause de la neige. Alors, le souffleur de la ville vient le chercher pour les urgences, il n'y a pas d'autre solution.

Au milieu des années 1970, les cas de méningites se multiplient. Les enfants tombent malades l'un après l'autre. Un jour, une dame l'appelle et lui dit qu'elle est allée à l'hôpital avec son bébé, mais que le médecin a diagnostiqué une simple grippe. Elle ne le croit pas. Sa fille est dans un piètre état. Le Dr Julien décide donc de se rendre chez elle pour en avoir le cœur net. Or, la petite fait bel et bien une méningite. Aussitôt, il la ramène à l'hôpital. C'est une question de vie ou de mort. Le Dr Julien a sauvé ainsi plusieurs enfants qui avaient reçu des diagnostics erronés ou chez qui on n'était pas intervenu assez rapidement.

Peu à peu, les spécialistes entrent en scène dans les hôpitaux. Les jeunes pédiatres ne peuvent plus pratiquer certaines interventions, qui sont désormais réservées aux spécialistes. Au bout de trois ou quatre ans de pratique, le Dr Julien commence à se lasser de voir des bébés « normaux » et d'être limité dans son travail. Il n'a plus de véritables défis à relever tandis que l'aspect social de son métier lui semble négligé faute d'avoir les moyens et les coudées franches. Ce n'est pas pour ça qu'il est allé en médecine, se répète-t-il, c'est pour aider les enfants des communautés appauvries. Or, quand il est amené à côtoyer ces enfants-là, dans sa pratique de tous les jours, il constate qu'il n'a pas les outils nécessaires et qu'il est totalement démuni.

L'aventure africaine

Tous les dimanches matin, comme à son habitude, le Dr Julien fait sa tournée de l'hôpital. À midi, il accroche son sarrau et il peut alors se relaxer quelque peu. Ce jour-là, il pique une jasette avec un vieux médecin. Celui-ci lui raconte, un peu inquiet, que sa fille est sur le point d'aller vivre en Afrique, plus précisément aux Comores, parce que son mari médecin participe à un programme de l'Université Laval avec les Nations Unies pour le développement des populations. Intrigué, le Dr Julien décide d'en savoir plus sur ce programme et, le lundi matin, il communique avec l'Université Laval. Il prend alors rendez-vous avec la pédiatre qui pilote le projet. Deux mois après, il part, lui aussi, avec femme et enfants, qui ont alors quatre, six et sept ans.

Son mandat consiste à assurer la santé de base des enfants. On lui offre un salaire de 15 000 dollars par année, ce qui représente une grande diminution par rapport à ce qu'il gagnait auparavant, mais qu'importe s'il peut enfin se réaliser en soignant les enfants dans le besoin.

L'aventure africaine s'avère difficile. Au début des années 1980, les outils de communication sont assez limités. Sans compter les pénuries alimentaires, qui affectent même les mieux nantis. Installés sur une île nommée Anjouan – il y a quatre îles dans l'archipel des Comores –, dans le canal du Mozambique, ils sont coupés du reste du monde pendant de longs mois. Le décor est enchanteur, par contre. Anjouan est une île volcanique très peuplée et montagneuse, avec toutes les essences et parfums imaginables, du frangipanier à la vanille en passant par l'ilang-ilang. Gilles Julien a parfois l'impression de se retrouver dans un conte de fées, mais la misère, omniprésente, a tôt fait de le ramener à la dure réalité.

À son arrivée, la famille est hébergée à Grande Comore par la fille du médecin qui lui a parlé du programme. Au bout de quatre semaines, ils réussissent finalement à se rendre à Anjouan, où le gouverneur de l'île attend fébrilement le jeune docteur. C'est un chirurgien comorien formé en France. Il dirige l'hôpital et souhaite ouvrir une aile pédiatrique dédiée à des spécialités très pointues. « Sauf que l'hôpital en question ressemblait à un poulailler ! Il y avait des animaux dans les corridors, c'était infect », précise le Dr Julien.

Sa mission officielle consiste, en fait, à prodiguer une formation à des « médecins aux pieds nus », des gens du peuple mandatés pour combler des besoins de base en hygiène et en santé dans leur communauté. Pour le Dr Julien, il s'agit d'un programme très efficace qui mérite d'être expérimenté. La formation continue qui est offerte à ces personnes leur permet de développer une certaine expertise. Mais ce ne sont ni des médecins ni des infirmiers.

Aux Comores, le Dr Julien va de village en village, dont plusieurs ne sont accessibles qu'à pied. Selon les informations qu'on lui a fournies à son arrivée, un enfant sur deux meurt entre zéro et cinq ans faute de soins professionnels adéquats. Bien souvent, le simple fait de couper le cordon ombilical avec des ciseaux rouillés peut infecter l'enfant et lui donner le tétanos. Des choses toutes simples qu'il faut régler avec les moyens du bord. La tâche du Dr Julien consiste à transmettre des notions d'hygiène de base aux médecins aux pieds nus. Il est également le représentant de l'UNICEF dans ce pays. C'est lui qui reçoit les vaccins et les stocke dans des conditions adéquates.

Mais il y a un hic : le gouverneur a d'autres plans pour lui. Il tient mordicus à son aile pédiatrique sophistiquée ! Et le jeune médecin occidental qui vient de débarquer va l'aider à mener son projet à bien. Le Dr Julien comprend rapidement à qui il a affaire. Le gouverneur tente, dans un premier temps, de le détourner de sa mission première, mais Gilles Julien refuse catégoriquement. Les relations, du coup, se compliquent. Le gouverneur commence à mettre des bâtons dans les roues du docteur. Celui-ci a une camionnette de l'UNICEF qui sert à transporter le matériel médical et les petits frigos à pétrole où il conserve les vaccins. Un jour, il découvre qu'il manque une roue à sa camionnette. Pour trouver une roue aux Comores, il faut se lever de bonne heure ! À un autre moment, ce sont les quatre pneus qui disparaissent. Le Dr Julien soupçonne fortement l'entourage du gouverneur de ces mauvais coups.

Les escarmouches se poursuivent pendant un certain temps. Ainsi, les coupons d'essence se mettent à manquer mystérieusement. Mais cela n'empêche pas le Dr Julien de partir à pied en montagne, accompagné de deux ou trois personnes. Il leur faut monter du matériel sur leurs épaules et sur leur tête. Sur place, il identifie ceux qui, dans le village, agissent déjà un peu comme des personnes ressources, puis il leur remet le matériel nécessaire.

Un jour, il reçoit trois réfrigérateurs à pétrole destinés à conserver les vaccins. Il les entrepose dans un premier temps à l'aéroport, bien à l'abri sous clé. Le lendemain, lorsqu'il retourne les chercher, il s'aperçoit qu'il en manque un. De fil en aiguille, il apprend que le ministre de la Santé, qui habite à l'autre bout de l'île, se l'est approprié sans autorisation. Il fait deux heures de route, à bord de son petit camion, pour se rendre chez lui. Le ministre le reçoit dans sa chambre, allongé dans son lit et entouré de poules et de chèvres… C'est un spectacle surréaliste. « Je viens chercher mon frigo », dit-il. « Ce n'est pas moi qui l'ai », répond le ministre. Le docteur insiste et, finalement, il peut repartir avec le frigo. Cet incident, de toute évidence, ne va pas améliorer ses relations avec les dirigeants de l'île.

Durant son séjour, le docteur est témoin de toutes sortes d'injustices et il supporte encore moins la corruption dans de telles conditions. Ainsi en est-il d'une denrée de base, le riz, que les Comoriens consomment tous les jours mais qu'ils ne produisent pas. Le riz vient de l'extérieur et il devient facilement un objet de convoitise. Un jour, alors qu'il y a une grande pénurie de riz, un de ses amis lui dit : « Viens, je vais te montrer quelque chose. » Il fait nuit. L'ami en question l'emmène dans un entrepôt rempli de sacs de riz jusqu'au plafond. Sur les poches est écrit : « Don du peuple américain. » Le lendemain, le Dr Julien révèle le pot aux roses à Amnistie internationale. Peu de temps après, la population recevra ses sacs de riz. Le Dr Julien n'a certainement pas amélioré son sort en dénonçant la rétention de vivres envoyés pour aider la population.

Le manque de nourriture affecte également la famille Julien. La situation devient particulièrement difficile pendant la période des fêtes à cause de la pluie et de l'humidité. Anjouan est une ancienne île de pirates, en forme de U, avec des récifs empêchant les bateaux d'accoster. À une époque, des cargos amarrés au large attendaient pour rentrer en Afrique du Sud. Un soir, le docteur embarque dans une pirogue avec deux amis. Il a la ferme intention de chercher de la nourriture sur l'un des bateaux qui mouillent au large. L'océan Indien est infesté de requins, aussi la plus grande prudence s'impose. Il s'approche du navire du mieux qu'il peut. Il aperçoit une échelle de corde accrochée à l'embarcation, mais la houle rend l'accès fort compliqué, car ils sont en haute mer. Finalement, le docteur parvient à se hisser jusqu'au pont. Il s'agit d'un cargo grec. Quel heureux hasard : le Dr Julien adore justement la nourriture grecque !

Il s'adresse aussitôt au capitaine et lui propose son aide. « Ça tombe bien, lui répond le capitaine, j'ai justement un matelot qui est malade. » Celui-ci fait une crise de malaria et sa fièvre est très élevée. Heureusement, il y a à bord les médicaments nécessaires, et le docteur peut facilement soigner le malade. Il demande ensuite au capitaine s'il peut leur donner un peu de nourriture après lui avoir expliqué que les denrées alimentaires se font très rares sur l'île. Sans trop se faire prier, le capitaine du navire lui offre des olives, du fromage féta, du retsina, un vin grec que le Dr Julien apprécie particulièrement, ainsi que de la bière pour célébrer les fêtes. Il faut maintenant transporter toutes ces victuailles dans la pirogue, ce qui n'est pas évident. Le docteur lance alors les vivres à ceux qui l'attendent en bas, en prenant garde de ne rien perdre. Lorsqu'ils arrivent au port, un fonctionnaire les attend. Pour éviter d'avoir des problèmes, ils lui donnent une caisse de bière, qui servira de « tampon » officiel.

La femme du gouverneur, une sage-femme, accompagne parfois le Dr Julien lors de ses visites dans les villages. Il s'agit d'une personne très réceptive, contrairement à son mari. Comme il fallait s'y attendre, le gouverneur obligera finalement sa femme à cesser de l'accompagner.

Jusqu'à la toute fin, le gouverneur multipliera les embêtements. Il aurait voulu que le Dr Julien ne travaille qu'au département de pédiatrie de son hôpital, mais celui-ci ne peut abandonner tous ces enfants qui meurent à cause de problèmes de santé de base, sans même pouvoir se rendre à l'hôpital.

De guerre lasse, au bout d'une dizaine de mois, le Dr Julien rend les armes : la situation est devenue intenable. Surtout pour ses propres enfants, qui vivent un stress épuisant. Et puis, le docteur ne peut accomplir son travail convenablement, il est boycotté en haut lieu et commence à trouver le temps long. Même s'il aime se rendre dans les villages pour y soigner les enfants, il décide de quitter les Comores pour retourner au Québec.

Au moment de quitter l'île, on lui confisque son passeport ainsi que ceux des autres membres de sa famille. Une simple formalité, lui affirme-t-on. Mais la chose devient plus sérieuse lorsque le douanier lui révèle qu'il a reçu l'ordre de les confisquer. En discutant avec lui, le docteur lui glisse qu'il est médecin. Le douanier, en confiance, lui fait part de ses problèmes de santé. « Tu es chanceux, lui dit le docteur, je viens de recevoir une livraison de l'UNICEF et j'ai justement des médicaments qui peuvent t'aider, des pilules rouges. » Il n'en faut pas plus pour que le douanier accepte de l'accompagner. Le Dr Julien lui remet lesdites pilules en lui conseillant d'en prendre pendant un mois. En réalité, il s'agit de vitamines ! Quoi qu'il en soit, c'est grâce à ces vitamines qu'il peut récupérer les passeports et partir vers le continent.

Avec le recul, le Dr Julien reconnaît plusieurs aspects positifs à cette expérience africaine. « Les enfants en ont gardé de bons souvenirs, affirme-t-il. Ça leur a donné le goût du voyage et une ouverture sur le monde. » Son fils aîné vit d'ailleurs à Shanghai avec sa famille, et ils ne manquent jamais une occasion de voyager, sac au dos.

Ce séjour en Afrique a jeté les bases de l'approche privilégiée par le Dr Julien. « Ce qui m'est resté, c'est la conviction que ça prend un village pour s'occuper d'un enfant. C'est là-bas que je l'ai compris. Quand j'arrivais dans un village, les enfants m'entouraient et riaient. On avait du plaisir. J'étais bien reçu. Je sentais qu'il y avait un réel esprit communautaire et que les enfants étaient en sécurité. Ils n'avaient rien, ils vivaient dans des huttes sur la terre battue. Ils étaient malades, leurs ventres étaient enflés et remplis de parasites. Mais ils étaient joyeux. C'était surprenant à quel point ils étaient rieurs et accueillants, tout comme les adultes, d'ailleurs. Ici, dans les milieux pauvres, les enfants ne rient pas. Ils sont ternes et se sentent exclus de la société. Ils sont beaucoup plus pauvres que les enfants là-bas. C'est ce que j'ai compris et que j'ai gardé en tête. »

Le retour au Québec

Le Dr Julien revient dans la Belle Province en 1982. La famille s'installe de nouveau sur la ferme de Pintendre. Sa femme, Louise, qui est infirmière auxiliaire, décide de changer de vocation. Comme elle est aussi agronome, elle entend se consacrer désormais à l'élevage biologique : poulets de grain et moutons biologiques y font bon ménage, et le Dr Julien se charge bien souvent de l'abattage. Ironiquement, c'est à ce moment qu'il se tourne vers le végétarisme.

Dans les années 1980, l'appellation « bio » n'est pas très en vogue, et il se creuse un fossé entre quelques cultivateurs des environs et les Julien. Son voisin est un homme bizarre qui élève des veaux de lait. Il est toutefois dans l'illégalité, car il fait fi de tous les règlements. À l'aide d'une citerne, il déverse le contenu de sa fosse dans le ruisseau qui court au bout de sa terre. Ça sent la pourriture. La nuit, le docteur va prélever, en rampant pour ne pas se faire voir, des échantillons qu'il porte le lendemain au laboratoire du ministère de l'Environnement. Tout le monde se moque de lui. Les coups bas se multiplient et les Julien sont souvent victimes d'actes d'intimidation. On sème des clous dans leur entrée, on détruit leurs clôtures et les moutons s'échappent. Ces harcèlements minent peu à peu le moral de la famille.

Gilles Julien décide alors de s'engager dans la cause de l'environnement. Il existe, à l'époque, un projet de santé publique appelé Villes et Villages en santé. Il s'agit d'impliquer les villes et les villages dans les questions de santé publique et de s'assurer que l'environnement est sécuritaire. Mais n'entre pas qui veut dans ce cercle plus ou moins privé. Le Dr Julien, qui porte la barbe et n'est pas connu, fait partie d'un comité de citoyens qui s'oppose aux politiques de l'UPA et au gouvernement municipal, principalement composé d'agriculteurs qui pratiquent l'élevage intensif de veaux et de porcs. Ce type d'élevage nuit à la santé publique, mais le conseil ne veut pas bouger sur cette question. Pour faire changer les choses, le comité décide de se présenter aux élections, qu'il remporte. C'est ainsi que le Dr Julien se retrouve au conseil municipal.

Plusieurs raisons le motivent, même s'il n'a jamais pensé faire de la politique municipale. C'est à titre de médecin, de citoyen et de père de famille qu'il siège au conseil municipal. L'aventure dure trois ou quatre ans, le temps d'un mandat, au terme duquel le docteur passe à autre chose.

Lors de son élection, le quotidien *Le Soleil* titre : « Dr Julien, un grain de sable dans l'engrenage de l'État. »

Quelques mois plus tard, Pintendre devient le premier village membre de l'association des Villes et Villages en santé.

Le Dr Julien ne peut se résoudre à s'enfermer seul dans un bureau pour sa pratique médicale. Il doit bouger, c'est ainsi qu'il conçoit son rôle de médecin. Il se rend fréquemment à Montmagny pour des consultations pédiatriques et visite les CLSC de la région. Les médecins y vont très peu à l'époque. Il y croise des travailleurs sociaux, des éducatrices, mais aucun médecin. Cette situation le motive particulièrement, il a l'impression d'innover. Il se rend également dans plusieurs CLSC de la Beauce. À Sainte-Marie, le directeur général du CLSC refuse la collaboration des médecins. Le Dr Julien insiste et il est le premier à y mettre les pieds, mais la seule chose qu'il lui est permis de faire, c'est de rencontrer des parents, le soir. À Beauceville, cependant, il a un peu plus de liberté. Il hérite du dossier de la santé dentaire. À l'époque, dans la région, une dame est reconnue pour son franc-parler sur les tribunes radiophoniques. Mme Lacroix fait campagne haut et fort contre le fluor, et on charge le Dr Julien de la faire taire. Son mari est un homme riche et influent. Le Dr Julien décide de prendre le taureau par les cornes et demande à rencontrer cette dame. Contre toute attente, il la trouve extraordinaire ! Il décide donc d'organiser une conférence à l'hôpital afin qu'elle puisse faire valoir son point de vue.

Une véritable amitié se développe. La dame, qui dispose de beaucoup de temps, s'intéresse aux médecines douces. Le Dr Julien s'y mettra, lui aussi. Il doit même une fière chandelle à cette dame qui a ni plus ni moins sauvé sa fille Maude. Vers l'âge de douze ans, Maude éprouve de graves problèmes d'arthrite, compliqués par une fièvre sévère. Puis des problèmes cardiaques s'ajoutent. Les plus grands spécialistes de l'hôpital Sainte-Justine ne trouvent aucun remède, sauf des doses de cortisone et d'autres médicaments extrêmement dangereux. Le Dr Julien refuse qu'on administre de tels produits à sa fille. Il en glisse alors un mot à Mme Lacroix. Selon elle, Maude est contaminée par des toxines qu'elle est incapable de gérer. « Il faut qu'elle se libère de ces toxines qui lui empoisonnent la vie, lui dit-elle. Je lui donnerais une diète spéciale qui consiste à éviter certaines combinaisons alimentaires. » On a tout essayé jusqu'à maintenant, pourquoi ne pas tenter l'expérience et suivre ses conseils ? se dit le Dr Julien. Une semaine plus tard, sa fille est guérie. Les symptômes reviendront deux ans plus tard et seront à nouveau partis après quelques jours de ce régime.

Très ouvert d'esprit, le Dr Julien décide de suivre des cours d'homéopathie. Il veut comprendre. Il en découvre les bienfaits et les limites. Dans certaines situations particulières, l'homéopathie peut agir, mais ça ne règle pas tout, admet le docteur. « Je l'ai fait par expérimentation personnelle, conclut-il. C'est toujours ce que j'ai fait dans ma vie : expérimenter moi-même au lieu d'écouter Pierre, Jean, Jacques. »

Cap sur le Grand Nord québécois

Après un an à partager son temps entre Montmagny et la Beauce, il reçoit un coup de fil du Centre hospitalier de l'Université Laval (CHUL). On lui demande s'il est intéressé à aller dans le Grand Nord. Un programme est déjà en place, en lien avec les problèmes d'otites chroniques et d'audition des enfants et les enjeux de santé publique. Il accepte aussitôt, fait ses valises et part.

Il entreprend de faire la tournée de tous les villages de la baie d'Hudson et de la baie d'Ungava de façon régulière. Il demeure dans un village pendant deux, trois jours, puis se rend dans un autre. Il part pour des périodes de deux semaines à un mois.

En 1975, la Convention de la Baie-James et du Nord québécois avait redéfini le statut des Inuits et des Cris et avait permis « l'autonomie de leurs gouvernements locaux et régionaux, la création de leurs propres conseils de santé et d'éducation, des mesures de développement économique et communautaire ainsi que des régimes spéciaux de gestion de la police, de la justice et de la protection de l'environnement[2] ». Dans la foulée, trois entités autochtones sont créées : le territoire cri de la Baie-James, le Nunavik et la communauté naskapie du village Kawawachikamach, en 1978. C'est dans la deuxième entité, le Nunavik, que Gilles Julien œuvre dans les années 1980.

De 1983 à 1990, le jeune médecin est responsable médical du secteur de la Santé des Inuits du Nord québécois au CHUL. Il y voit des similitudes avec l'Afrique. Ainsi, c'est le village tout entier qui prend soin de ses enfants. Bien sûr, il est toujours surpris d'apercevoir un enfant de quatre ou cinq ans se promener seul à l'extérieur à vingt-trois heures. Pour lui, cela n'a aucun

2. *L'Encyclopédie canadienne.*

sens. Mais, chaque fois, les adultes du village lui disent : « Ici, les portes ne sont jamais verrouillées. L'enfant peut aller n'importe où. Ne vous inquiétez pas, il est surveillé par le village. »

Les conditions de travail ne sont pas toujours faciles. L'hiver, l'avion qui le ramène doit atterrir sur la glace. Lorsqu'il est pris dans un blizzard, il ne peut se rendre au chevet d'un enfant en détresse respiratoire, par exemple, parce que aucun avion ne peut décoller. Il lui arrive même de construire une tente d'oxygène avec des sacs verts. Il n'a pas le choix, il doit se débrouiller avec les moyens du bord. Une véritable médecine de brousse.

Il effectue régulièrement ses tournées de pédiatrie et de santé communautaire. Il découvre ainsi qu'un enfant sur quatre à l'école souffre de surdité. La cause : les otites chroniques mal soignées. Cette constatation l'oblige alors à effectuer des recherches sur les otites, afin de trouver de nouvelles façons de les traiter et de tenter de les prévenir.

Tous les enfants âgés de zéro à douze ans sont examinés. Il peut ainsi mesurer leurs capacités d'audition. Le Dr Julien n'est pas favorable à la prescription d'antibiotiques pour tout et pour rien et il met un frein à cette pratique. De nombreuses personnes descendent au sud pour y subir des greffes de tympans, mais ces greffes ne fonctionnent jamais, pour toutes sortes de raisons. Il préfère, quant à lui, une autre méthode pour soigner ces maladies. Il s'agit, grosso modo, d'expliquer aux populations concernées les bases de l'hygiène. Il leur conseille surtout de ne pas fumer dans les maisons parce que le tabagisme est un facteur connu des problèmes d'otites.

Encore une fois, les médecins aux pieds nus sont aux avant-postes du combat médical. Avec son complice, le Dr Jean-François Proulx, il monte un programme destiné aux responsables de chacun des villages. « Ce qui caractérise le plus Gilles, à mon sens, raconte le Dr Proulx, c'est la confiance illimitée qu'il a en la capacité des milieux et des ressources du Nord d'assumer une grande portion de leurs responsabilités de toute nature. En contrepartie, il s'engage toujours à mettre en valeur ces potentiels-là. »

Selon les deux médecins, les changements dans l'administration médicale donnent lieu à l'instauration de modèles qui ne correspondent pas nécessairement aux forces du milieu. Les gestionnaires pensent mieux faire pour la collectivité en préconisant d'imposer, pour le Nord, le modèle des institutions existant au Sud, sans même les remettre en question. Mais, immanquablement, un conflit de valeurs surgit entre le potentiel perçu par les deux médecins et la place que sont prêts à offrir les gestionnaires et certains professionnels aux gens de la communauté.

Le Dr Julien mise énormément sur les interprètes qui sont à pied d'œuvre dans chacun des villages. Il s'agit de gens extrêmement intéressants avec un potentiel immense. Ces personnes ressources sont aussi des médiateurs entre la famille et les Blancs de passage. Une richesse inouïe dont il ne peut se passer.

En 1986, il entend parler d'un colloque qui doit se tenir à Banff et qui réunira des représentants en santé communautaire qui œuvrent dans le cadre du programme initié par le gouvernement du Canada, dès 1960, pour les Indiens, un peu à l'image des médecins aux pieds nus. C'est la formation dont il a besoin pour les siens, majoritairement des femmes. Ils sont douze au total, originaires de chacun des villages de la baie d'Hudson et de la baie d'Ungava. Le Dr Julien tient mordicus à ce qu'ils rejoignent cette organisation pour la formation continue. La partie n'est pas gagnée d'avance et il se met au travail. Finalement, il réussit à obtenir un budget du gouvernement fédéral pour qu'il puisse les emmener avec lui à Banff. Ce sera pour tous les participants une expérience inoubliable.

Le retour ne se passe cependant pas comme prévu. Les autorités locales ne voient pas d'un bon œil que le Dr Julien et Jean-François, son associé, s'immiscent dans les problèmes de la communauté. Le Dr Julien se trouve confronté aux mêmes réactions qu'en Afrique. C'est comme si on préférait garder les gens dans l'ignorance. Car les gens que forment les deux médecins ne s'occupent pas que des problèmes de santé, ils deviennent également des intervenants communautaires capables de défendre les droits des citoyens, de régler leurs problèmes de logement, etc. Un médecin aux pieds nus ne fait pas que nettoyer des plaies, il a aussi une mission sociale, pensent-ils. Ce sont les défenseurs du village. Mais le gouvernement local ne l'entend pas ainsi. Le Dr Julien est confronté aux mêmes problèmes qu'il a connus antérieurement, ceux d'une république de bananes davantage intéressée par l'enrichissement personnel que par la santé de ses commettants. Alors, on se met à les boycotter et à leur couper les fonds.

Pendant ses périodes d'exil dans le Grand Nord, le docteur constate *de visu* les effets pervers de la « colonisation » par les gens du Sud. Depuis les années 1950, avec l'arrivée des Blancs, les autochtones sont devenus sédentaires. Ils ont commencé à souffrir de la tuberculose. Les plus âgés ont perdu leurs habitudes ancestrales, et les jeunes, l'intérêt pour leurs racines. La télé, l'alcool et la drogue ont fait leur apparition. En trente ans, les Blancs ont détruit cette société-là, en effaçant plusieurs traces de leur culture. Cela ne s'est pas fait sans causer de nombreux traumatismes.

Le médecin découvre que chaque village possède sa propre radio communautaire. Alors, il veut s'en servir. Il demande aux interprètes s'il peut s'adresser à la population. Ces interprètes l'accompagnent toujours dans ses déplacements puisqu'il ne peut s'exprimer en inuktitut. À la fin de sa période de travail, il se rend en ondes pour raconter sa journée et les maladies qu'il a soignées : quinze otites, deux pneumonies, trois méningites et deux cas d'abus sexuels. C'est la première fois qu'on parle des abus sexuels ouvertement. Il est convoqué par les *elders*, les sages du village, qui veulent en savoir plus sur les intentions du médecin. « Pourquoi parles-tu de ça ? » lui demandent-ils. « Parce que ce sont des enfants traumatisés et qu'ils font partie de votre communauté. Que fait-on avec ça ? » répond-il. Peu à peu, la communauté s'ouvrira et on commencera à parler de ces problèmes.

Le tandem a un autre projet qui lui tient particulièrement à cœur : la fondation d'une maternité qui compterait des sages-femmes inuites. Jean-François est très lié à l'Association des femmes inuites du Nouveau-Québec. Il a élaboré un premier programme de formation permettant aux femmes d'accoucher dans le Nord. À ce moment-là, elles doivent aller dans le Sud pour le faire. Cela signifie que les femmes enceintes doivent quitter leur village un mois ou deux avant l'accouchement pour aller donner naissance à leur bébé à Val-d'Or ou à Montréal. C'est un moment fort délicat et intense parce que ce déplacement entraîne une rupture avec une tradition majeure, celle de donner à l'enfant le nom d'un ancêtre dès sa naissance au cours d'une cérémonie. On les déracine, ce qui peut être dramatique. C'est pour changer cette situation qu'est mise sur pied la maternité du Nord. Le Dr Julien se présente devant la commission parlementaire chargée d'étudier la question, avec un groupe de sages-femmes, pour faire valoir son projet. Celle-ci accepte sans trop se faire prier de financer un projet pilote à Puvirnituq, dans la baie d'Hudson. Aussi invraisemblable que cela puisse paraître, il n'y a alors pas d'hôpitaux dans le Nord, seulement des dispensaires.

«Aucune loi n'encadrait cette pratique, se rappelle Jean-François Proulx. Nous avons engagé une infirmière sage-femme formée en Europe, elle a été notre premier modèle. Elle est devenue formatrice par la suite.»

Dix ans après son aventure nordique, le Dr Julien est retourné sur place pour mesurer les résultats du programme sur les otites et l'audition. Il a pu constater que grâce au type d'intervention auquel ils avaient eu recours, les problèmes d'otites chroniques avaient grandement diminué. À Inukjuak, par exemple, dans la baie d'Hudson, il y a eu une amélioration d'au moins 50 %.

Aujourd'hui médecin-conseil à la Direction de santé publique, Jean-François Proulx séjourne encore occasionnellement au Nunavik. Il parle avec une grande fierté de la lutte qu'il a livrée aux côtés du Dr Julien afin de permettre l'intégration des sages-femmes. «C'est probablement le projet dont la pérennité est la plus visible sur le terrain, dit-il. La majeure partie des sages-femmes qui travaillent dans le Nord en ce moment sont des Inuites. Ce modèle met en lumière ce que nous préconisions. Nous avons fait alliance avec les groupes de femmes et nous avons réussi à faire bouger un peu les façons de faire stéréotypées des administrateurs pour faire valoir la logique. »

Le Grand Nord marque profondément le Dr Julien, tant personnellement que professionnellement. Il y a découvert une culture menacée et fragile, qui possède des valeurs fondamentales extraordinaires, axées sur la communauté. « Cette communauté a beaucoup souffert au cours des dernières décennies, mais les valeurs profondes sont encore là », conclut-il.

Encore aujourd'hui, l'influence du Nord l'accompagne au quotidien. Il a appris, avec le temps, à découvrir et à respecter patiemment cette « culture du silence », comme il l'appelle. À décoder tous les signes sans avoir besoin du langage, ce qui lui a été très utile dans son contact avec d'autres cultures et, surtout, avec les enfants.

Pendant ses temps libres, l'homme troque le stéthoscope contre le *martello*. C'est dans le Nord qu'il a appris à sculpter la pierre. Depuis le temps qu'il rêvait de s'adonner à une pratique artistique ! Il avait déjà auparavant fait de la sculpture sur bois, mais cela ne l'avait pas emballé. Alors, après avoir observé attentivement les sculpteurs inuits pour voir comment ils faisaient, il s'est mis à « gosser » de petites pierres qu'il trouvait dans la toundra. Et cela lui a plu. Lorsqu'il était immobilisé en raison du blizzard, sans pouvoir vaquer à ses occupations coutumières, il avait amplement le temps de s'exercer. « Ça m'a apporté ça, aussi, le Nord », dit-il en riant.

Ses multiples et fréquents déplacements ne sont cependant pas sans conséquence. Sur le plan professionnel, cela lui apporte beaucoup, mais, pour la vie de famille, c'est plutôt dramatique. Et il va en payer le prix. En 1990, Gilles Julien et sa femme divorcent. Il décide alors de s'installer à Montréal. Il a besoin de respirer un air différent. Il loue un petit logement rue Sainte-Famille et vend son auto. Un ami lui prête des meubles. Ainsi se termine l'aventure du Nord.

De Côte-des-Neiges à Hochelaga, en passant par l'Albanie

Le Dr Julien a besoin d'un changement majeur dans sa vie, autant professionnelle que personnelle. Alors, il quitte tout et entame une nouvelle vie. En août 1990, une amie qui travaille au CLSC Côte-des-Neiges, la Dre Vania Jimenez, lui propose de rejoindre leur équipe. Il accepte aussitôt.

À peu près au même moment, il devient directeur du Département de santé communautaire (DSC) du CHU Sainte-Justine. Il restera en poste à Sainte-Justine jusqu'en 1994. Ce sera une période faste pour le Dr Julien. Tout porte à croire que son rêve de créer un service qui intégrerait l'aspect social à la pratique médicale est sur le point de se concrétiser. Il espère vraiment développer un centre d'expertise sur l'enfance dans ce centre hospitalier. Il réussit à convaincre le conseil d'administration du bien-fondé de sa démarche. Mais au même moment, les DSC sont abolis pour faire place à l'Agence de la santé et des services sociaux. Le système, du coup, est complètement transformé, et ce remue-ménage repousse aux calendes grecques le projet du Dr Julien. Il quitte alors son poste, le cœur gros, mais continue néanmoins à donner des consultations en clinique dans les quartiers Côte-des-Neiges et Hochelaga. Gilles Julien est toujours en mouvement, mais il ne s'éloigne jamais de son grand projet humaniste. L'image du Dr Schweitzer l'accompagne toujours.

À la même époque, une petite annonce dans *L'Actualité médicale* l'interpelle. On cherche un médecin pour le programme Enfance-Famille du CLSC d'Hochelaga. Curieux, il rencontre Claudette Éveritt, une infirmière en poste à ce CLSC, qui le reçoit à bras ouverts. On est d'autant plus heureux de l'accueillir que le Dr Julien est pédiatre.

En raison de sa compétence dans le domaine de la pédiatrie, le département de santé communautaire de l'Université de Montréal l'approche au même moment pour mener quelques missions médicales en Albanie. Toujours curieux de connaître et d'améliorer le sort des enfants un peu partout dans le monde, le Dr Julien accepte sans hésiter.

Ainsi, dix ans après son séjour en Afrique, le Dr Julien se rend en Albanie afin de mettre en place un système de santé en coordination avec la Banque mondiale. Henver Hoxha, qui dirigeait la République populaire d'Albanie d'une main de fer depuis 1945, vient de mourir. Le pays est dans un état lamentable. Le premier intérêt du Dr Julien est, bien sûr, d'améliorer le sort des enfants dans ce territoire extrêmement pauvre, en mettant sur pied des programmes de santé de base avec l'aide des autorités locales. Mais une fois de plus, il comprend rapidement que ce n'est pas ce qu'on attend de lui. On lui demande plutôt d'évaluer les besoins en santé, qui sont immenses.

Loin de se décourager, le Dr Julien effectue plusieurs courts séjours en Albanie sur une période de deux ans. On l'installe dans les bureaux du ministère de la Santé. Mais le docteur a horreur de l'immobilisme et de la bureaucratie. Il demande alors à faire le tour du pays pour prendre le véritable pouls de la santé. Très tôt, il se rend compte que tout ce qu'on lui avait montré sur papier, tous ces beaux programmes remplis de bonnes intentions n'existent pas. À cette époque, trois catégories de personnes peuvent entrer dans ce pays: les travailleurs humanitaires, la pègre italienne et les religieux. Tout ce beau monde fréquente les mêmes hôtels et se fait raconter les mêmes histoires. Circuler en Albanie est un exercice fort compliqué, d'autant plus que le pays a été isolé du reste de l'Europe pendant des dizaines d'années. Bien sûr, il y a des taxis, qui se mêlent aux charrettes tirées par des bœufs et qui peuvent vous emmener où vous voulez, mais on n'est pas à l'abri des bandits de grand chemin.

Un peu partout, le Dr Julien et l'équipe qui l'accompagne sont accueillis comme sauveurs. Les gens, peu habitués à rencontrer des visiteurs, encore moins un étranger qui sait les écouter, lui ouvrent leur cœur et leur chaumière.

Pour lui, il est primordial d'entreprendre le plus rapidement possible la reconstruction des installations sanitaires. Tout a été détruit, il ne reste plus que des décombres. Durant ses visites, le Dr Julien est toujours accompagné d'un médecin albanais, qui dirige le département de pédiatrie d'un hôpital. Ce dernier lui sert également d'interprète. Le premier bébé qu'ils examinent souffre d'une otite. Comme le Dr Julien traîne toujours avec lui un stéthoscope et un otoscope, le collègue albanais lui demande s'il peut examiner de près le précieux instrument : il n'a pas vu d'otoscope depuis des années.

Ailleurs, dans une polyclinique, un médecin lui montre son équipement. Il travaille avec un vieux *text book* médical qui date des années 1950, et son stéthoscope n'a pas de diaphragme. Ce ne sont que quelques exemples parmi tant d'autres des malheurs qui frappent ce pays, qui a été isolé pendant cinquante ans.

Avec le recul, le Dr Julien a l'impression que son passage en Albanie a été totalement inutile. Le rapport qu'il a rédigé avec son collègue albanais a été rapidement mis de côté. Il semble bien que les gens du ministère, tout comme ceux de la Banque mondiale, voulaient qu'on leur dise autre chose. Pourtant, ces missions ont été extrêmement coûteuses. La Banque mondiale exigeait, entre autres, que ses mandataires volent toujours en classe affaires, pour ne pas nuire à l'image de marque de cet organisme. Ce genre d'obligation a toujours déplu au pédiatre, qui n'en demandait pas tant.

Cette dernière expérience le persuade encore davantage de la nécessité de faire sa place par lui-même dans les communautés qu'il est appelé à côtoyer pour des raisons professionnelles. Il doit arrêter de rêver et se convaincre une fois pour toutes qu'il est impossible d'instaurer de nouvelles pratiques à l'intérieur des structures mises en place par les CLSC ou les hôpitaux.

À la même époque, le directeur général du CLSC d'Hochelaga commence à remettre en question les méthodes de travail du Dr Julien. On lui reproche sans cesse de n'être pas assez présent dans ses bureaux et de se trouver toujours à l'extérieur, c'est-à-dire dans la rue, à Montréal ou en Albanie. On se plaint également que personne ne connaît son emploi du temps. En réalité, le docteur offre des consultations dans quatre organismes communautaires, il siège au conseil d'administration de trois autres, il est engagé auprès de la Maison des enfants, du Carrefour familial Hochelaga... tout en effectuant des visites à domicile. On le qualifie de médecin itinérant, comme pour se moquer de cet homme dérangeant qu'on en vient même à considérer comme un compétiteur. Ne voulant pas avoir à se justifier et à demander des permissions comme un jeune débutant, il démissionne de son poste au CLSC Hochelaga. Il faut indéniablement un certain courage pour quitter un poste confortable qui lui assure à coup sûr une sécurité jusqu'à sa retraite. Mais ce n'est pas ce que cherche et désire Gilles Julien.

L'appui populaire

Au milieu des années 1990, le Dr Julien est toujours bien présent dans le quartier Hochelaga, qu'il sillonne à vélo. Peu à peu, il tente de servir cette clientèle et les gens semblent apprécier sa manière d'agir avec les enfants du quartier, qu'il soigne gratuitement. Il n'en continue pas moins de se rendre, deux jours par semaine, au CLSC Côte-des-Neiges pour y soigner des patients. Ayant eu vent de ses démêlés avec l'établissement d'Hochelaga-Maisonneuve, le directeur général du centre, Jacques Lorion, lui offre son soutien. « Moi, Gilles, je crois en ce que tu fais, je vais signer tes feuilles de temps même si tu n'es pas sur le territoire de Côte-des-Neiges», lui propose-t-il. Jacques Lorion est un visionnaire. Pour pouvoir toucher son salaire, il est nécessaire que le Dr Julien fasse signer ses feuilles de temps par un CLSC ou un hôpital. La décision de Jacques Lorion n'est pas illégale, mais celui-ci prend tout de même un gros risque.

Le docteur est toujours sur son élan, il bouge sans cesse. On le retrouve auprès d'organismes sociaux comme Enfants de l'espoir et le Chic Resto Pop, où il laisse sa marque. Il collabore également à la Pop mobile, un organisme qui apporte des repas dans les écoles du quartier, le midi. Il n'hésite pas à accompagner les animateurs et dîne même avec les enfants tout en répondant à leurs questions.

Au cours de ses nombreux va-et-vient dans le quartier, il se lie d'amitié avec l'un des éducateurs de l'organisme Enfants de l'espoir. Ce dernier œuvre auprès des familles pauvres depuis de nombreuses années, il est donc connu. Ils deviendront très proches. Cet éducateur de rue, qui se consacre entièrement à son travail, est celui qui fait découvrir au docteur la misère profonde dans laquelle vit une grande majorité de la population du quartier, la pire que le docteur ait connue jusqu'à maintenant. Des années plus tard, le Dr Julien évoque l'importance qu'a eue cet homme pour faciliter son intégration dans le quartier.

Depuis son départ du CLSC d'Hochelaga, le Dr Julien constate que les gens du quartier ne cessent de l'encourager dans sa pratique médicale. Un mois plus tard, une école l'invite pour qu'il y offre des services. S'il y avait une certaine méfiance à l'inviter auparavant, alors qu'il représentait les CLSC, celle-ci semble maintenant avoir disparu. En devenant indépendant, il voit de nouvelles portes s'ouvrir. C'est ce qu'il souhaitait: continuer de bouger le plus possible tout en maintenant le cap sur ses objectifs premiers. L'école lui offre même un téléavertisseur, un local, etc.

Sa complice, Claudette Éveritt, qu'il a côtoyée au CLSC Hochelaga, vient de prendre sa retraite en tant qu'infirmière communautaire dans le quartier. Elle lui propose alors de l'accompagner dans ses combats pour améliorer le sort des enfants du quartier. Habitant la région de Joliette, elle vient deux ou trois jours par semaine dans le quartier Hochelaga pour accompagner le Dr Julien dans ses nombreuses visites à domicile, ou encore dans les écoles et les organismes communautaires.

Puis c'est la propriétaire du restaurant Chez Clo, où ils vont manger tous les midis, Claudette et lui, qui leur fournit un logement. Ils acceptent l'invitation et s'y installent rapidement, car le besoin d'avoir un pied-à-terre commence à se faire sentir. Les gens, généreux, leur apportent spontanément des meubles et d'autres objets nécessaires à leur fonctionnement.

Quatre écoles font ainsi appel à leurs services, cette année-là. Chacune donne 3 000 dollars, ce qui représente un total de 12 000 dollars. Avec ce petit budget, il peut verser un salaire symbolique à Claudette.

Néanmoins, il faut un minimum d'équipement pour assurer le bon fonctionnement de leurs activités. Le Dr Julien est sans le sou et sans véritables ressources. Qu'à cela ne tienne, Jacques Lorion lui fournit une table d'examen, des otoscopes et du matériel médical pour pouvoir travailler avec un minimum de décence.

Il paie également le loyer pendant un certain temps grâce à la fondation du CLSC et lui procure même les services d'un archiviste, qui veille au bon maintien de ses dossiers. Le Dr Julien est, à ce chapitre, un perfectionniste et il désire que ses dossiers soient impeccables. L'archiviste passe une demi-journée par semaine dans ses locaux.

Aussi saugrenu que cela puisse paraître, la feuille de temps grâce à laquelle le Dr Julien perçoit son salaire sera signée par le CLSC Côte-des-Neiges jusqu'en 2008. Après la retraite de M. Lorion, son successeur maintiendra l'entente. Le Dr Julien est payé de cette manière jusqu'à ce que le gouvernement, après de nombreuses négociations, l'autorise à avoir son propre numéro d'établissement, comme un CLSC ou un hôpital. La Régie de l'assurance maladie du Québec (RAMQ) lui versera un salaire correspondant à trente-cinq heures de travail par semaine, pas plus. « C'est un *deal*, je ne demanderai jamais davantage », affirmera le docteur, satisfait. Les quelques intervenants qui l'accompagnent, cependant, sont payés grâce aux dons qu'il parvient à amasser ou à des prêts de service fournis par des établissements.

C'est au cours d'une réunion du conseil d'administration des Enfants de l'espoir que le Dr Julien rencontre pour la première fois Gilbert Sansoucy. Celui-ci se montre impressionné par la feuille de route du docteur. Il se rend rapidement compte que le cabinet médical installé au-dessus du restaurant Chez Clo est trop étroit pour accueillir les enfants du quartier dans le besoin. Il propose donc au médecin de déménager dans des locaux plus spacieux. « T'as un bail à vie, lui dit-il. Développe, et moi j'assumerai les frais pour t'héberger. » Le docteur se sent comblé. Il pourra désormais commencer à planifier à moyen et à long terme.

Quelque temps plus tard, en 1997, le Dr Julien rencontre M. André Chagnon, dont la Fondation Lucie et André Chagnon naîtra trois ans plus tard, en 2000. Après avoir échangé leurs points de vue sur le développement des enfants et sur les besoins criants des populations défavorisées, M. Chagnon accepte de fournir au Dr Julien un soutien financier. Cette aide précieuse permettra au Dr Julien de poursuivre sur sa lancée et d'aller de l'avant avec son approche de la médecine sociale.

L'intérêt des médias

De fil en aiguille, les médias commencent à s'intéresser à l'histoire peu banale du Dr Julien, dont les échos dépassent les limites géographiques du quartier Hochelaga.

Le journaliste Pierre Foglia est intrigué par ce médecin qui sillonne les rues de son quartier à vélo, sans même avoir pignon sur rue. Ils iront jusqu'à faire des randonnées à vélo ensemble. C'est bien avant que la pédiatrie sociale du Dr Julien fasse des petits un peu partout à travers le Québec, conquière les cœurs et, dans certains cas, délie les cordons de la bourse des puissants de ce monde.

Le jour où la clinique déménage rue Aylwin, Jean-François Lépine et une équipe d'*Enjeux* viennent interviewer et filmer le médecin et son personnel. Personne ne sait comment ils ont entendu parler du docteur et de son approche d'un genre nouveau. Ils filment pendant une semaine et produisent un reportage d'une durée d'une heure. C'est à ce moment, en 1999, que tout démarre avec les médias. L'émission *Le Point* vient, ensuite, ajouter à la visibilité du Dr Julien et de son œuvre. En août 2010, Pierre Foglia rédige une chronique dans *La Presse* sur les activités du docteur et de sa clinique peu banale, où il fait état justement du malaise que suscitent, auprès des institutions sociales traditionnelles, les nombreux appuis que reçoit le projet alternatif du Dr Julien et l'attention médiatique dont il jouit.

Le Dr Julien admet qu'il n'est pas toujours facile de le suivre dans les méandres de sa pratique médicale. Il se considère avant tout comme un entrepreneur qui produit du capital humain, mais cette notion ne fait pas l'unanimité. La nouveauté fait peur. Il n'a jamais hésité à aller chercher des fonds là où ils se trouvent, c'est-à-dire auprès d'autres entrepreneurs, des hommes d'affaires qui ne demandent pas mieux que d'être convaincus de la nécessité d'investir dans ce capital social pour assurer la relève tant nécessaire pour peu qu'on s'intéresse au sort de l'humanité.

Peu importe si l'argent vient du domaine public ou privé, se dit le pédiatre, pourvu qu'il serve à bon escient, à sauver des vies d'enfants, entre autres. C'est justement ce qu'on lui reproche, comme si la clinique du Dr Julien était en compétition avec les CLSC, comme si le fait de recevoir une aide du gouvernement appauvrissait immanquablement ces mêmes institutions. « Donner au Dr Julien en appauvrissant le système public », peut-on souvent lire et entendre à gauche et à droite. Pourtant, l'aide qu'il reçoit du gouvernement ne représente qu'une goutte d'eau dans l'ensemble du budget du ministère de la Santé, mais une goutte d'eau qui va directement aux enfants, sans passer par les sempiternelles tables de concertation, où, de discussion en discussion, on aboutit à des rapports qui sont finalement mis de côté et ne transforment jamais la réalité sociale de la clientèle visée.

Quant à l'aide qui vient d'ailleurs, du secteur privé, qu'on l'appelle charité, compassion, philanthropie ou tout simplement solidarité, elle constitue tout autant le nerf de la guerre quotidienne que la clinique livre à la misère, sociale, culturelle et physique. Car le docteur connaît ses limites, il sait fort bien qu'il ne peut améliorer à lui seul, avec ses façons de faire révolutionnaires ou non orthodoxes, tout le système de santé. Il sait fort bien que les dons privés, provenant de collectes de fonds, de galas, de soupers ou de la Guignolée annuelle, ne viennent pas remplacer la lutte pour la nécessaire justice sociale. Mais il ne doute pas une seconde qu'il contribue à améliorer le sort des enfants du quartier et que par son exemple, même modeste, il encourage d'autres médecins à l'imiter.

C'est forte de cette philosophie que la fondation qu'il dirige reçoit la visite de M. Chagnon, anciennement propriétaire de Videotron, qui accepte de l'aider. C'est grâce à cette aide significative qu'il peut ouvrir une deuxième clinique, dans le quartier Côte-des-Neiges, cette fois. Malheureusement, en 2011, la Fondation Chagnon modifie ses orientations, et les œuvres du Dr Julien ne reçoivent plus cette aide, pourtant si précieuse. Gilles Julien doit donc rapidement trouver une solution pour combler ce manque à gagner.

Une telle instabilité dans le financement des projets sociaux oblige bien souvent la direction de la clinique à couper dans le personnel et dans les services offerts aux populations concernées, et cette précarité peut devenir fort inquiétante pour tout le monde. Il est bon de rappeler que le Dr Julien fonctionne en dehors du système de santé, qu'il n'y a rien d'acquis, et cela fait toute la différence.

Contrairement à ce qu'on pourrait croire, une telle insécurité, loin de le décourager, le motive à se démener et à trouver de nouvelles modalités de fonctionnement. Le Dr Julien a toujours refusé de s'asseoir sur ses acquis parce que l'ennui et la routine le rattraperaient au détour et cela deviendrait vite dangereux. De nouveaux défis ne peuvent que stimuler son imagination et l'entraîner dans d'autres projets sociaux. Son but, on le sait, n'est pas de faire de l'argent ou d'être célèbre, encore moins qu'on lui décerne quelque médaille. Non, c'est d'arriver à ses fins : changer le système actuel dans le sens d'une amélioration pour les enfants les plus vulnérables.

Il continue de voir, pendant les trois jours où il pratique dans sa clinique, soit les mardis, mercredis et jeudis, de quinze à vingt enfants par jour. Sa journée de travail débute à huit heures et se termine bien souvent à vingt heures, avec une petite pause pour le repas du midi, pris sur place autant que possible.

En général, ce ne sont pas des cas faciles, car on ne le consulte pas pour soigner une grippe. Pour cette raison justement, il désire toujours rencontrer, en présence de l'enfant, tous ceux qui interviennent pour décider de son sort, de la DPJ aux travailleurs sociaux du CLSC, en passant par l'enseignant, les parents et même la police, si besoin est.

Le reste du temps, le docteur multiplie les apparitions dans les écoles, dans les chambres de commerce, dans les médias, il donne des conférences et rencontre les décideurs, aussi bien ceux du secteur privé que les ministres et les hauts fonctionnaires. Sans parler des membres du personnel des deux cliniques et de sa fondation qu'il ne veut surtout pas négliger et dont il se sent très proche.

Lorsqu'il ne travaille pas dans et pour sa clinique, c'est-à-dire surtout les fins de semaine, le Dr Julien se retire à la campagne. Il n'est pas du genre à inviter des amis à la maison pour y faire la fête ou célébrer quelque victoire. Ses amis, c'est d'abord sa famille, sa femme Hélène, ses quatre enfants et ses petits-enfants. Le reste de son réseau social, il est dans le quartier Hochelaga, ce sont « ses » enfants et leurs parents.

À hauteur d'enfant

Il suffit de voir le Dr Julien en compagnie d'enfants, quel que soit le contexte, pour comprendre. Nul besoin d'expliquer l'efficacité de son approche ou de poser des questions sur les meilleures façons de venir en aide aux enfants, de les aborder, de les comprendre et de les guider. Le Dr Julien sait naturellement comment agir avec eux.

C'est aussi quand il s'adresse à des enfants que le Dr Julien définit le mieux la pédiatrie sociale. À la défunte émission *275-allô*, sur les ondes de la Première Chaîne de Radio-Canada, quand l'un d'eux lui demande quels instruments médicaux il utilise, il répond du tac au tac : « On a le stéthoscope, l'otoscope, le marteau pour tester les réflexes et tous les autres objets que tu connais. Mais pour comprendre les autres problèmes de l'enfant, il faut se mettre à son niveau, en jouant avec lui et en interprétant ses paroles pour mieux comprendre ce qu'il veut dire. Il faut décoder. On le voit en particulier avec les enfants autistes. Il faut toujours trouver un moyen d'entrer en communication de manière différente.

Parfois, c'est en s'assoyant avec lui, parfois, en lui lançant un ballon. En fait, mon meilleur instrument, c'est comment j'apprivoise l'enfant. »

À la question de Laura, huit ans, qui lui demande s'il est un « docteur spécial », il dit simplement : « C'est difficile de répondre. Je pense que je suis un docteur spécial. J'aimerais être un docteur spécial parce que j'essaie de soigner les enfants pas seulement quand ils ont mal à la gorge, mais aussi quand ils ont de la peine. J'essaie de soigner tous les problèmes. » L'animatrice, Annie Desrochers, lui demande alors d'où lui vient cette aisance avec eux. « C'est venu tout seul. Je n'ai jamais eu à faire des choix difficiles. Je voulais travailler avec les enfants et être médecin. Je n'étais pas très bon en mathématiques. Alors je dis aux enfants qui sont moins bons de persister. On peut toujours faire ce qu'on veut dans la vie si on y met le temps et le travail. J'invite les enfants à persévérer pour réaliser leurs rêves, surtout si c'est pour aider les autres. »

En réponse à un courriel de la jeune Kelly, de Nouvelle-Zélande, qui veut savoir combien d'enfants ont besoin d'aide : « Beaucoup. D'habitude, c'est leurs parents, leurs grands-parents ou leurs voisins qui leur viennent en aide, mais dans la pratique, c'est un enfant sur trois qui a besoin d'accompagnement spécial et ce sont eux qu'on veut accompagner le plus possible. »

« Est-ce parfois difficile d'aider les autres ? » lance pour sa part Marianne. « Oui. Ce n'est jamais très facile d'aider les autres parce qu'il faut les écouter, les aimer et essayer de voir ce qu'on peut faire de mieux pour eux. C'est une démarche difficile. Habituellement, quand on vient d'aider quelqu'un, on est tellement content qu'on veut tout de suite recommencer. Le plus difficile, ce sont les difficultés émotives. Ce ne sont pas les maux d'oreilles ou la toux, ça dure deux ou trois jours et ça s'en va. Ce sont les maux qui font de la peine. Quand un enfant est très en colère ou très triste parce qu'un adulte l'a trahi ou trompé, c'est beaucoup plus difficile. La seule façon de l'aider, c'est d'être proche de lui, de jouer, de l'accompagner pour qu'il redevienne heureux en faisant confiance à un autre adulte. Donc, c'est un peu compliqué, mais on peut le faire. »

La fillette lui raconte ensuite comment elle aide une amie qui est parfois rejetée, puis, de fil en aiguille, lui confie l'être très souvent, elle aussi. « Jamais personne veut jouer avec moi… » Il lui conseille alors de trouver son talent et de l'exploiter. « Moi, je vois déjà un talent: la manière dont tu t'exprimes. Je ne sais pas quel âge tu as, mais c'est très impressionnant pour moi de voir un enfant qui s'exprime de la sorte. »

Tous ceux qui étaient à l'écoute, ce jour-là, ont compris à cet instant ce qui fait de lui un « docteur spécial ».

Des appuis précieux

Pour être un « docteur spécial », Gilles Julien a besoin d'alliés. En 1997, il tombe sur le livre *Social Paediatrics*[3], écrit par un collectif et édité par Bengt Lindström et Nick Spencer. Il communique immédiatement avec le groupe et se rend en Europe afin de participer au colloque organisé par l'European Society for Social Pediatrics (ESSOP). Impressionnés par ses réalisations où il réussit à allier théorie et pratique, les participants l'élisent au conseil d'administration de l'organisation avec les autres directeurs européens. Fort de cet appui inestimable, il revient de ce colloque plus convaincu que jamais qu'il chemine dans la bonne direction.

Il a l'impression que ces collègues, pédiatres comme lui, comprennent vraiment ce qu'il fait et le valorisent. Il peut parler de sa pratique et cela a du sens pour eux. Ces derniers comprennent également où il va et,

3. Bengt Lindström et Nick Spencer, *Social Paediatrics*, Oxford, Oxford University Press, 1995.

surtout, qu'il pratique la pédiatrie sociale. Soudain, il se sent moins seul et le désert semble se transformer en oasis rafraîchissante.

Gilbert Sansoucy

Gilbert Sansoucy est l'une de ces personnes qui ont cru rapidement en l'œuvre du Dr Julien. L'homme d'affaires, qui se décrit comme « un associé de la clinique du Dr Julien et un inconditionnel depuis le début », a, lui aussi, joué un rôle majeur dans l'histoire de l'AED. Quand l'un de ses locataires est décédé après avoir passé soixante-dix-huit ans dans le logement qu'il occupait, M. Sansoucy propose au médecin de louer l'espace « pour un prix ridicule, histoire de couvrir les taxes », en plus des deux autres locaux qu'il lui avait offerts gracieusement. C'est à cet endroit qu'ont lieu aujourd'hui les activités parascolaires et plusieurs ateliers de la clinique.

Quelques années plus tard, quand le local adjacent se libère, M. Sansoucy propose à son complice de louer l'espace, après qu'il aura effectué quelques travaux de rénovation. C'est là que se trouvent les bureaux des employés de l'AED.

M. Sansoucy rappelle également qu'au moment des rénovations, des cols bleus de la Fondation Jacques Forest ont contribué bénévolement à l'aménagement de la cour arrière, avec la collaboration de la Ville de Montréal.

M. Sansoucy, qui est d'abord et avant tout un gestionnaire d'immeubles, travaille aujourd'hui avec ses frères et ses enfants. Son père était épicier et il a grandi dans le quartier, sur la rue Jeanne-d'Arc, non loin de l'emplacement de la clinique. Adolescent, il pouvait se permettre d'aller faire du ski à Saint-Sauveur, ce qui n'était pas le lot de la majorité des enfants du quartier, et il en est bien conscient. Les clients du Dr Julien, ce sont, souvent, des locataires qu'il connaît bien. Soutenir le Dr Julien, c'est pour lui une manière « de donner au suivant ».

M. Sansoucy est agréablement surpris lors de ses premières rencontres avec le Dr Julien. Son amour sans réserve des enfants saute aux yeux et M. Sansoucy est conquis. « Nous, nous sommes des êtres rationnels, dit-il. Pour nous, un enfant est turbulent. Alors que pour lui, s'il l'est, c'est parce qu'il y a une raison. Il ne le juge pas. Il le défend et tente de chercher une solution pour qu'il réintègre la société. »

Gilbert Sansoucy doit cependant définir des limites à son intervention. Ainsi, après avoir installé des patients de l'AED dans quelques-uns de ses logements, il réalise le danger de la situation. S'il fallait qu'il se retrouve devant la Régie du logement avec l'un de ces locataires, pour une raison ou une autre, il se retrouverait immanquablement en conflit d'intérêts, et cela pourrait nuire au Dr Julien. Il modifie donc sa façon d'agir mais n'en continue pas moins d'aider la population du quartier.

Au fil des ans, il voit le visage d'Hochelaga-Maisonneuve se transformer. Des jeunes achètent maintenant des maisons dans le quartier. Il y a des côtés positifs et négatifs à cette « gentrification », pense-t-il. Une maison achetée va en corriger trois autres. Un nouveau propriétaire n'endurera pas, par exemple, que ses voisins laissent traîner des ordures tout autour. Par contre, les loyers ont beaucoup augmenté et les familles les plus vulnérables en souffrent. Il y a vingt-cinq ans, on louait un logement 100 dollars et personne ne se plaignait. Aujourd'hui, le même appartement se loue à 600 dollars au moins. Même si les revenus des locataires ont augmenté, ces derniers ont de la difficulté à suivre. Pour les propriétaires, la rareté des loyers fait en sorte que des gens qui déménageaient fréquemment se sont installés pour de plus longues périodes. Auparavant, il n'y avait pas de frais pour les transferts d'Hydro-Québec et autres comptes semblables. Aujourd'hui, il y en a. Ces locataires ont dû apprendre à devenir sédentaires et plus responsables.

Aussi engagé auprès de l'organisme Vision mondiale avec sa femme, Francine, Gilbert Sansoucy voue une confiance totale au Dr Julien. Mais il ne veut pas s'immiscer dans le travail du docteur, car c'est une question trop complexe à ses yeux. Il s'est donné la mission de soutenir le médecin dans les domaines où il peut intervenir, comme les questions relatives aux bâtiments, aux infrastructures, bref pour tout l'aspect matériel. Il est aussi présent lors des réunions du conseil d'administration. Quand il évoque les difficultés rencontrées par la Fondation pour l'obtention de financement nécessaire ou les moments importants de l'histoire de l'AED, il utilise le « on ». « On a eu beaucoup de problèmes au plan administratif, dit-il notamment. Il est arrivé qu'un directeur général n'agisse pas comme Gilles le souhaitait. Il y a eu beaucoup de changements de ce côté. Mais on a trouvé la bonne façon de fonctionner. » Oui, la pédiatrie sociale suppose une pratique fort complexe, remplie de hauts et de bas.

Gilbert Sansoucy connaît tout le monde à l'AED. Il visite régulièrement l'équipe. S'il peut aider un membre d'une façon ou d'une autre, aussi bien matériellement que moralement, il ne se défilera pas et sera toujours avec eux.

Sa plus grosse inquiétude, c'est d'assurer la pérennité de l'organisme, à l'instar du Dr Julien, qui pour y arriver doit faire sa part en transmettant ses connaissances à la relève qui s'annonce. Le soutien tant du gouvernement que de la population et des médias reste primordial. « Le nerf de la guerre, c'est les sous », ajoute-t-il.

Dr Nicolas Steinmetz

Le Dr Nicolas Steinmetz, aujourd'hui professeur associé en pédiatrie à l'Université McGill et président émérite du conseil d'administration de la Fondation de l'Hôpital de Montréal pour enfants, un hôpital qu'il a dirigé pendant plusieurs années, a été l'un des premiers à croire aux bienfaits de la pratique du Dr Julien. L'un et l'autre ont du mal à se souvenir du moment exact de leur rencontre. Tous deux ont travaillé dans le Grand Nord québécois dans les années 1990. Rapidement, l'homme, né en Colombie de parents allemands, a appuyé les actions de son collègue.

Son discours étoffé est le résultat d'années d'études, d'expériences et d'observations. Posé, il brosse le tableau de notre société à l'aide d'exemples concrets, appuyés par de nombreuses études et des statistiques. On le sent profondément habité par ses convictions. « Dans toutes les sociétés du monde, les adultes arrangent la vie à leur convenance. Les priorités institutionnelles, gouvernementales et sociétales sont toujours celles des adultes.

On tasse un peu les enfants. Ils sont mignons pour un moment, mais on les laisse rapidement à leur compte. On se dit qu'ils sont là, qu'ils vont grandir et que cela suffit. Sauf que ce n'est pas le cas. »

Comme Gilles Julien, le Dr Nicolas Steinmetz est conscient que la souffrance des enfants est davantage présente dans les quartiers pauvres, où il n'y a que très peu de parcs et d'équipements pour qu'ils puissent évoluer dans un environnement physique et social adéquat. « Les enfants doivent se sentir en sécurité, avoir accès au transport, à la culture », dit-il.

La grande force des centres de pédiatrie sociale en communauté, c'est la possibilité de retrouver tous les services au même endroit, sans être obligé d'effectuer de longues attentes ou de subir toutes sortes de critères d'admissibilité. « Vous en avez besoin, vous l'avez, c'est tout. Et si vous lâchez, vous êtes encore bienvenus quand vous revenez. Il n'y a pas de pénalité. C'est toujours là, on vous soutient aussi longtemps que vous en avez besoin. »

Nicolas Steinmetz s'enflamme chaque fois qu'il évoque l'aspect administratif complexe auquel se heurtent ceux qui en ont le plus besoin. « C'est organisé à partir d'une pensée et d'un besoin administratifs et de contrôle, pas en fonction d'un besoin biologique ni d'un besoin humain. On ne prend pas en considération les effets sur les enfants. Les services ne sont pas coordonnés de façon à faire du sens biologiquement et humainement, s'indigne-t-il. On gaspille de l'argent épouvantablement en éparpillant nos ressources partout. Personne ne se parle, chacun protège sa chasse gardée férocement, son budget, c'est LEUR budget, LEUR programme… »

On comprend mieux alors comment ce médecin spécialiste exerce toujours une grande influence sur le Dr Julien. Il agit d'ailleurs à titre de conseiller principal auprès du Dr Julien et d'Hélène, sa femme et associée, pour le Garage à musique. Toujours présent et disponible, il n'hésite pas à partager ses idées et son expertise pour appuyer la cause.

Ève Christian et Caroline Lafrance

Ève se souvient encore de sa visite de la clinique. Elle était alors rédactrice en chef du magazine *Enfants Québec* dont le Dr Julien était l'un des collaborateurs. Un jour, elle est allée le rencontrer à l'AED. C'est à cet endroit qu'elle a enfin vu de ses propres yeux ce qu'il faisait et l'ampleur des tâches à accomplir. Pour Ève, qui, même si elle n'a pas été élevée dans l'opulence, n'a jamais manqué de rien à la maison et n'a pas connu les privations, la découverte du quartier Hochelaga a produit une onde de choc. Pour bien absorber le coup, il a fallu qu'elle se « déprogramme », selon sa propre expression.

Le Dr Julien lui fait visiter les lieux. Et Ève n'en revient tout simplement pas de ce qu'elle découvre. Il lui aurait été impossible d'imaginer tant de besoins. Et elle est impressionnée tant par l'œuvre que par l'homme, à tel point qu'elle « tombe en amour » avec ce pédiatre, « qui est un véritable exemple en matière de don de soi et qui est beaucoup plus qu'un expert et un médecin ».

Impossible pour elle d'oublier la première fois qu'elle l'a vu avec un bambin. Un enfant est arrivé en courant et il l'a pris aussitôt dans ses bras. Surprise par ce geste, elle réalise combien les enfants ont besoin de ce contact, alors que dans les écoles les professeurs n'ont plus le droit de toucher les élèves.

Lors de la deuxième édition de la Guignolée, Ève Christian fait ses interventions à l'émission de Joël Le Bigot, depuis la rue Aylwin. L'année suivante, le chef Philippe Mollé se joint à elle. C'est lors de la cinquième édition que toute l'équipe de *Samedi et rien d'autre* plante sa tente dans la rue, au grand plaisir des passants.

Pour Ève Christian, il est important de s'impliquer dans une cause. Si elle ne devait embrasser qu'une seule cause, ce serait celle-là. Elle a découvert un homme d'une bonté étonnante. Comme elle aimerait pouvoir en faire autant que lui ! Mais ce n'est pas dans sa nature, admet-elle. Jamais elle n'arriverait à se donner entièrement comme le fait le docteur, « cet homme bon, qui ne compte pas les heures, qui sait s'oublier et dont les yeux ne mentent pas ». Il n'y a, dans la gestuelle du Dr Julien, aucune stratégie mercantile. Lorsqu'il prend un enfant par l'épaule, ce n'est pas pour poser et faire augmenter les ventes de son prochain livre. Elle croit également que son approche peut s'appliquer à tous les milieux, car les abus d'enfants peuvent exister aussi à Ville Mont-Royal, à Outremont ou dans un autre quartier plus favorisé. En grattant le vernis, on découvre souvent les problèmes qui ont été occultés. Mais les gens d'Hochelaga, eux, n'ont tout simplement pas les moyens de les camoufler.

Tout comme Ève, Caroline Lafrance n'a jamais connu la misère. Enfant, elle a habité à Washington et a côtoyé des ambassadeurs et d'autres personnalités politiques. Elle revient à Montréal, à l'âge de dix-huit ans, et commence à travailler au magazine *Enfants Québec*. C'est là qu'elle rencontre Ève Christian et le Dr Julien.

La première fois qu'elle se rend au centre Assistance d'enfants en difficulté, c'est pour elle également tout un choc. Elle découvre une réalité insoupçonnée, pas celle qu'on voit dans les films mais bien en chair et en os. « Les enfants n'étaient pas vraiment vêtus pour affronter l'hiver, raconte-t-elle, encore visiblement émue, des gens avaient l'air de sortir des bars à toute heure du jour, les prostituées se promenaient dans la rue… » Décidément, la clinique semble installée au bon endroit, avec un docteur dévoué et passionné, qui plus est. Elle voit les enfants accourir auprès du médecin et sait que ce n'est pas de la frime. Dans une société en mal de modèles, cet homme est inspirant, se répète-t-elle. Alors que nous sommes portés à ne plus faire confiance à personne, tant la corruption est partout, le Dr Julien, lui, attire toute la sympathie. Il véhicule des valeurs qu'on croyait perdues à jamais : l'entraide, le partage, la famille et la communauté.

Julie Desharnais

À la fin des années 1990, Julie Desharnais œuvre comme travailleuse sociale dans les écoles du quartier Hochelaga-Maisonneuve. C'est là qu'elle fait la rencontre de son futur collègue, le Dr Julien. Un docteur à vélo qui visite les habitants d'Hochelaga à la maison, c'est sympathique comme approche, on se croirait presque dans un film. Mais au fil du temps elle découvre le message que le docteur met de l'avant : « Il est faux de prétendre que les enfants naissent tous égaux, même aujourd'hui. La preuve, on la découvre ici. Comme société, est-ce qu'on accepte cette situation ou pas ? »

Cette intervenante sociale a toujours revendiqué l'égalité et l'équité et, du plus loin qu'elle se souvienne, cet engagement est bien ancré en elle. Elle a d'abord travaillé comme préposée à l'accueil au CLSC Centre-Ville, qui reçoit une clientèle itinérante et vulnérable aux prises avec des problématiques sociales importantes. Elle a ensuite choisi d'aller travailler dans le quartier Hochelaga, parce qu'elle trouvait que cela donnait un sens à sa pratique.

Au fil des années, elle a constaté une réelle évolution des perceptions, surtout chez les francophones. Les anglophones, eux, sont davantage habitués aux fondations et aux dons en argent. Il semble, selon elle, que les Québécois aient perdu un certain sens des valeurs depuis qu'ils ont cessé de fréquenter les églises. Mais avec l'arrivée du Dr Julien dans le quartier, la notion d'entraide qu'on y trouvait à une certaine époque a refait surface. « Le message semble mieux passer aujourd'hui », conclut Julie.

Aujourd'hui directrice de la clinique Assistance d'enfants en difficulté, Julie Desharnais chapeaute les quatre travailleuses sociales du centre, les deux psychoéducatrices, les quatre éducateurs, l'art-thérapeute, la musicothérapeute, la responsable des bénévoles et des Grands Amis, les deux personnes employées au soutien administratif ainsi que la trentaine de bénévoles qui défilent chaque semaine au 1600 de la rue Aylwin.

Comme si ce n'était pas suffisant, elle continue d'effectuer du travail de terrain. Par choix, avoue-t-elle. C'est la raison pour laquelle elle a accepté de prendre les rênes de la clinique. « Je ne pourrais pas cesser d'en faire. J'ai encore besoin de me sentir proche de ma clientèle », s'excuse-t-elle.

Elle ne comprend pas qu'on puisse laisser des enfants tomber entre deux chaises, que les écoles soient moins performantes dans un quartier défavorisé que dans un quartier favorisé, qu'il y ait un des plus hauts taux de signalements à la DPJ dans Hochelaga-Maisonneuve. Les déterminants sociaux, comme les logements insalubres, y sont pour quelque chose, bien entendu, ce qui fait que sa population est en situation de grande vulnérabilité. Sur la ligne de départ, les enfants du quartier ne partent pas de la même place. « Ce n'est pas seulement la faute des parents », ajoute-t-elle.

Les enfants qu'elle côtoie n'ont pas, en effet, les mêmes chances que les enfants des autres quartiers. Cela revient souvent dans ses observations. Et c'est justement pour cette raison qu'elle persiste. Ce sentiment d'injustice, elle le ressent tous les matins en arrivant au travail, et elle se questionne encore et toujours sur le manque d'équité et de justice de notre société tout en désirant ardemment voir s'accomplir le potentiel de chaque enfant. « Chaque enfant devrait être respecté et avoir la possibilité d'atteindre son rêve. Ici, je constate qu'on est loin de ce rêve. »

La fameuse ligne thérapeutique, celle qui demande de ne pas s'impliquer émotivement auprès d'un enfant, est plus difficile à tracer dans un tel contexte. Julie possède une formation en relation d'aide, et elle a donc appris à intégrer nécessairement cette ligne thérapeutique à sa pratique. Elle doit établir quelles sont ses frontières lorsqu'elle intervient auprès d'une famille. Mais il lui est arrivé de la franchir, cette fameuse frontière. Elle se souvient d'une adolescente de quinze ans qui venait d'être hospitalisée en psychiatrie et qu'on faisait sortir de l'hôpital. C'était un lundi soir et il n'y avait personne au domicile de l'adolescente. Julie avait deux choix : soit l'accueillir chez elle jusqu'au lendemain matin puis l'emmener au centre pour qu'on tente de mobiliser le réseau, soit faire appel aux centres jeunesse, qui la placeraient chez des inconnus. La question était délicate, et trancher n'est jamais facile dans un tel cas. Alors, en sortant de l'hôpital, Julie a appelé le Dr Julien. Il lui a répondu : « Si tu es à l'aise avec la première solution, Julie, c'est correct, ça m'est déjà arrivé à moi aussi. » Alors, elle a préféré l'emmener chez elle.

L'espoir, voilà ce qui anime encore Julie Desharnais après toutes ces années. Il faut qu'elle voie et trouve devant elle une porte de sortie, sinon elle ne pourra pas être une bonne intervenante, conclut-elle.

À l'AED, l'intervention se fait sans les contraintes d'horaire ou de bureaucratie. Il est impossible d'agir auprès d'une clientèle aussi fragilisée en utilisant des méthodes traditionnelles. Au centre, on s'est donné le loisir de prendre le temps. L'AED, c'est d'abord un milieu de vie qui n'a rien à voir avec un milieu institutionnel. Ainsi, s'il faut une année entière pour créer un lien de confiance avec une famille, on mettra une année. Certaines personnes ont ainsi été accueillies à l'AED après qu'on a passé des mois à les saluer, à les regarder tout simplement dans les yeux lorsqu'on les croisait dans la ruelle.

En fait, il faut comprendre d'où viennent ces familles. Sans doute, la majorité des intervenants agiraient de la même façon s'ils étaient à leur place. C'est la réalité qu'ils côtoient tous les jours, dans Hochelaga : des personnes exclues qui se font dire constamment qu'elles ne sont bonnes à rien, des mauvais parents à qui on devrait enlever leurs enfants parce qu'ils vivent dans des conditions insalubres, des mères de famille qui ne savent pas si elles vont pouvoir donner à manger à leurs enfants en fin de journée. Alors, quoi de plus normal que de rejeter cette société-là ?

Les travailleurs du centre sont loin de se prendre pour des experts et ce n'est pas Julie, la travailleuse sociale, qui va dicter sa conduite à qui que ce soit. Elle va préférer accompagner une famille dans ce qu'elle vit. C'est ce qui fait la force des intervenants du centre et c'est justement à cause de cette force qu'ils réussissent à aller chercher une clientèle que d'autres ne vont pas approcher, c'est-à-dire les familles les plus marginalisées.

Julie, tout comme les autres travailleurs du centre, adopte toujours une approche exempte de préjugés. Lorsqu'une famille frappe à la porte de l'AED, l'objectif n'est pas de changer les parents. Ceux-ci, en règle générale, ont vécu des histoires absolument atroces. Ils ne peuvent pas donner ce qu'ils n'ont pas reçu. Si elle se rend compte que quelque chose ne tourne pas rond, elle va immédiatement alerter le parent, car, confie-t-elle, elle n'a jamais vu un parent qui n'aimait pas son enfant. Peut-être ne sait-il pas comment l'aimer, tout simplement, cela arrive. Comment pourrait-il savoir aimer son enfant s'il ne l'a jamais été lui-même ?

Encore aujourd'hui, la directrice du centre vit des moments de grande révolte. Ce ne sont pas les comportements des parents qui la font le plus souvent sortir de ses gonds, mais ceux de la société. Dans un monde individualiste où personne ne se sent responsable du sort de son prochain, certains jeunes passent entre les mailles du système et cela l'horrifie.

Un jour, un adolescent est venu au centre de la rue Aylwin. Personne n'avait jamais entendu parler de lui. Il a raconté qu'il n'allait pas à l'école. Le Dr Julien lui a demandé de lire quelque chose, mais il en était incapable. Cela démontre qu'encore aujourd'hui des enfants « tombent entre deux chaises », selon la formule du Dr Julien, c'est-à-dire qu'ils réussissent à transiter à travers le réseau scolaire sans même apprendre à lire. Julie était scandalisée. Cet adolescent n'avait jamais été évalué sur le plan psychologique, allant d'école en école... jusqu'à ce qu'il en ait assez. Il a nécessairement croisé plusieurs personnes sur son chemin, mais personne n'a rien vu. Ça n'a aucun sens et, chaque fois, ce genre de situation la renverse. «J'ai beau savoir que ça existe, chaque fois ça me révolte de le voir », raconte-t-elle.

Hélène (Sioui) Trudel

Depuis vingt-deux ans, Hélène (Sioui) Trudel accompagne le Dr Julien dans la réalisation de leurs objectifs communs pour la santé et le droit des enfants. D'abord conseillère et grande motivatrice, celle qui partage la vie du Dr Julien a fini par se laisser entraîner par la cause et par plonger dans la mission. Forte de ses connaissances en droit et en gestion, cette avocate et médiatrice a contribué à introduire le droit des enfants profondément au sein de la mission et des activités courantes de la Fondation du Dr Julien. Ces dernières années, elle s'est aussi employée à mettre sur pied un modèle d'organisation et de gouvernance plus structuré, de nature à appuyer les grands enjeux de la pédiatrie sociale en communauté.

Hélène, c'est l'inspiration, l'analyse et le soutien à la réalisation de profonds changements dans l'organisation, pour reprendre les propres paroles du docteur. Si, au début, Gilles et Hélène pleuraient fréquemment lorsqu'ils côtoyaient la misère à l'état pur – « presque tous les soirs », confie cette femme aux origines amérindiennes –, aujourd'hui, ils ne se sentent plus démunis ni impuissants.

La situation a changé et ils se sont donné des instruments et des outils qui leur permettent d'intervenir efficacement. Peu à peu, elle a convaincu son mari qu'il devait intégrer l'aspect légal à sa pratique médicale. Il ne suffisait plus qu'il parle aux médias, il fallait qu'il convainque des juges d'agir en faveur des enfants, des intervenants de réorienter leurs façons de faire et la société de se mobiliser pour eux.

Alors qu'auparavant la principale préoccupation du docteur concernait les besoins globaux de l'enfant, celle-ci a évolué vers une prise de conscience de ses droits, ceux qui sont regroupés justement dans la Convention internationale des droits de l'enfant, adoptée par une majorité de pays. Cette convention, avec sa quarantaine de droits, est devenue en quelque sorte la bible, la référence première et l'arme ultime du médecin et de sa compagne. Ainsi en est-il du droit à l'appartenance et à la protection, ainsi que du droit à une vie saine et du droit à l'éducation adaptée aux besoins de l'enfant, parmi quelques exemples courants de leur pratique alliant la santé et le droit.

Hélène est l'amoureuse du Dr Julien, bien sûr, mais elle est surtout la présence inspirante et régulatrice d'un homme impatient de réaliser ses rêves et sa mission, malgré les embûches.

Elle fait maintenant partie de la haute direction de la Fondation du Dr Julien, tout en pilotant le volet Alliance droit santé, qui regroupe les projets de recherche et de développement de la Fondation. Ses principales réalisations à ce titre sont la mise en place du Cercle de l'enfant et du Garage à musique.

Des artistes engagés

Christian Bégin

Plusieurs artistes ont offert leur soutien au Dr Julien au fil des ans. Le comédien et animateur Christian Bégin n'avait jamais entendu parler de l'AED lorsqu'il a fait la connaissance de son fondateur au Gala Excellence de *La Presse*, qu'il a animé en 2004. Il se rappellera toujours ce moment intense où Gilles Julien a été choisi la Personnalité de l'année dans la catégorie Sciences humaines, sciences pures et technologie. Le prix lui a été remis par des enfants qu'il connaissait. Ceux-ci, manifestement, entretenaient avec le Dr Julien un rapport exceptionnel et unique qui a frappé le comédien. Il était également ébloui par le regard que le docteur portait sur ces mêmes enfants. Quelque chose d'extraordinaire se passait, de toute évidence, et Christian Bégin a voulu en savoir davantage.

Il avait l'impression intime d'être devant quelqu'un qui avait une incidence réelle sur la vie des gens. Les enfants lui sautaient au cou. Et cela n'avait rien à voir avec une quelconque mise en scène orchestrée par la télévision qui filmait l'événement. On sentait une réelle reconnaissance et les parents participaient également à ce spectacle hors du commun.

Peu après, Christian Bégin contacte le médecin afin de s'informer sur les activités de la clinique. «Je ne sais pas comment faire pour m'impliquer, mais j'aimerais bien qu'on se rencontre», lui dit-il d'emblée.

Il est donc invité à visiter la maison de l'AED où il peut rencontrer des jeunes qui s'y trouvent. Comme il a suivi une formation d'éducateur spécialisé avant d'être comédien, il est familier avec le milieu et déjà sensibilisé à la cause des enfants en difficulté. Rapidement, il comprend l'essence du travail du Dr Julien, qui n'a rien à voir avec le type d'intervention qu'il connaît puisqu'elle nécessite l'implication de la communauté. Rien à voir avec une approche institutionnalisée. Il ne s'agit plus d'un simple apport d'aide, c'est bel et bien une vraie relation. « Si cette approche avait existé du temps où j'étais éducateur, je le serais peut-être encore aujourd'hui», confie le comédien Bégin au Dr Julien.

Comme il désire s'impliquer, Christian Bégin est désigné Grand Ami. Mais bientôt il lui est difficile de concilier ses horaires irréguliers de comédien avec ceux de son rôle de Grand Ami auprès d'un enfant. Il devient alors parrain de la Guignolée. Depuis 2006, il passe ainsi la journée sur le terrain, avec les bénévoles qui participent à l'événement.

Plus que jamais, il croit aux valeurs véhiculées par la pédiatrie sociale. « Il y a une vraie résonance entre les besoins d'un milieu et les moyens utilisés », conclut-il.

André Melançon

Le réalisateur du film culte *La Guerre des tuques* a fait la connaissance de Gilles Julien en 2003 par l'entremise d'un ami commun. Depuis le temps qu'il se promettait d'aller faire un tour à la maison AED, il s'y rend un jour alors que des enfants suivent des ateliers. Il propose alors à Gilles de tourner un documentaire sur son expérience unique. Dès que le Dr Julien a accepté la proposition, il trouve un producteur et embauche une recherchiste, qui passe de nombreuses heures aux côtés des enfants. L'année suivante, André Melançon s'inscrit comme bénévole à la clinique, puis il commence à tourner pendant une grosse partie de l'année scolaire. Cela donne *Printemps fragiles.*

Dans ce film, on peut suivre André Melançon à travers les méandres du bénévolat dans la maison de la rue Aylwin, alors que des liens se nouent et se dénouent selon les humeurs des uns et des autres. Les enfants ne sont pas des personnes faciles à apprivoiser et le cinéaste l'apprendra à ses dépens. Il en verra de toutes les couleurs. Mais André Melançon ne se décourage pas pour autant. Il n'est pas un novice en la matière, car il a étudié la psychologie et a travaillé comme psychoéducateur dans un institut de rééducation pour jeunes délinquants, dans les années 1960.

La recherche et le tournage ont duré une année et demie. Il lui a fallu tout ce temps pour réussir à apprivoiser le milieu dans lequel il se trouvait. Il ne voulait surtout pas disparaître aussi rapidement qu'il était apparu à la clinique. Il savait qu'il fallait assurer une certaine continuité pour ne pas blesser ceux qu'il venait accompagner, même temporairement. « Si tu mets cinq mois à établir une relation de confiance et que tu t'en vas aussitôt après, il y a une rupture et ça, c'est terrible », confie le cinéaste. Qu'il s'agisse de bénévoles ou de professionnels, il y a une exigence de continuité. Sinon, l'expérience se transforme aussitôt en douleur pour ces enfants déjà durement éprouvés.

Certains jeunes ont été plus faciles à approcher, alors que d'autres ont commencé à le considérer uniquement vers la fin du projet. Les enfants doivent sentir que la présence de l'accompagnant est constante. Parfois, les rapports se durcissent, l'intervenant frappe un mur d'indifférence, les portes refusent de s'ouvrir. Mais il faut persévérer, cette ouverture se fait progressivement. « J'appelle ça "grignoter la résistance". »

André Melançon recherche avant tout à gagner la confiance des enfants, sans rien brusquer. Cette relation ne peut surgir du jour au lendemain, elle exige beaucoup de patience et d'abnégation. Gagner la confiance d'un enfant devient quelque chose de primordial. Car, s'il y a rupture, l'enfant le sentira comme une trahison. « Cela peut être très blessant. Il faut donc être vigilant », dit-il.

Jusqu'à tout récemment, André Melançon offrait des cours de théâtre aux jeunes intéressés par ce médium.

L'atelier débutait en septembre et le spectacle était présenté en avril ou en mai. L'atelier regroupait cinq enfants, parfois un peu plus. Dans un premier temps, il utilisait des textes qu'il avait lui-même écrits. Puis, il leur a proposé de faire du « vrai théâtre », du Tchekhov, rien de moins. Tchekhov a écrit des sketchs de vingt minutes qui s'appellent des farces et qui se prêtent bien à ce genre d'exercice. André a répété l'opération avec des jeunes à quelques reprises. Les enfants découvraient un vocabulaire qu'ils n'utilisaient jamais dans la vraie vie, comme : « Je m'excuse de vous importuner... »

La pratique théâtrale a ceci de bon qu'elle permet de jouer sur l'empathie. Or, ces enfants, venus au monde dans un univers qui n'est pas forcément violent mais qui peut être extrêmement dur, ont dû, dès leur naissance, apprendre à se défendre. C'est ce qui explique pourquoi, au début, la plupart d'entre eux manquaient d'empathie. Rien à voir avec l'origine sociale. Quelqu'un qui aurait été élevé dans un milieu plus aisé pourrait éprouver le même problème. Le cinéaste cherchait, chez ces jeunes, cette capacité de ressentir les émotions de la personne devant soi. Il suffit d'imaginer un garçon ou une fille de douze ans jouant un personnage de Tchekhov pour saisir l'ampleur de la tâche. « À un moment donné, raconte André Melançon, ce personnage se choque parce qu'il découvre une injustice flagrante. » Il demande alors au jeune comédien : « Comment crois-tu qu'il se sentirait, ton personnage ? »

Mais le théâtre, c'est aussi l'apprentissage de la discipline. Le fait de jouer dans une pièce, de devoir mémoriser un texte, d'être devant un public qui est près des acteurs, tout cela est très formateur. Les jeunes comédiens découvrent soudainement qu'ils dépendent des autres et que les autres dépendent d'eux. Si l'un d'eux se trompe en disant son texte ou qu'il oublie carrément de placer sa réplique au bon moment, c'est toute la troupe qui écope. Chaque comédien devient donc responsable du succès de l'entreprise.

Avec les enfants d'Hochelaga, André Melançon travaille de la même manière qu'il le fait avec les jeunes comédiens qu'il a dirigés tout au long de sa carrière. Comme il le faisait avec les enfants durant le tournage de *La Guerre des tuques*, il essaie de voir comment ils peuvent se mettre dans la peau d'un personnage qui n'a rien à voir avec leur expérience de vie, tout en cherchant leurs points communs. Bien sûr, avec le temps, la méthode s'est affinée, avoue-t-il, puisqu'il est dans le métier depuis une quarantaine d'années: « L'approche a évolué, mais la base est demeurée la même. »

Quand il parle des jeunes de *Printemps fragiles*, on sent toute la tendresse qu'il éprouve pour eux et on ne peut que vanter sa patience, son ouverture d'esprit, tout en admirant l'aisance avec laquelle il évolue parmi ces enfants aux caractères si différents. Il en a croisé plusieurs, au fil des ans, lors des journées de la Guignolée, et ils ont tous un point en commun: leur persévérance, leur côté obstiné parce que, très jeunes, ils ont dû apprendre à lutter. Il reconnaît également qu'ils traînent avec eux une image de perdants, parce qu'on ne s'est jamais vraiment occupé d'eux, et là réside leur principale faiblesse. Le travail du Dr Gilles Julien consiste alors à leur donner cette fierté si nécessaire pendant cette période cruciale de leur développement.

Outre l'équipe de travailleurs sociaux et de psychoéducateurs, les bénévoles jouent un rôle important dans la vie des jeunes de l'AED, rappelle le réalisateur. Ces bénévoles côtoient les autres adultes du centre et ils regardent et écoutent, eux aussi, les enfants. Ils participent aux ateliers d'aide aux devoirs et à d'autres tâches, mais ce sont d'abord et avant tout des yeux et des oreilles. Le jeune sent qu'il est regardé, alors que, normalement, on l'oublie, il passe inaperçu, même en classe. Au centre, il découvre finalement qu'il peut devenir quelqu'un d'important et retenir l'attention de quelques adultes. André Melançon apprécie surtout, chez les jeunes d'Hochelaga, ce mélange étonnant de force – « ils ont l'énergie pour se battre, se défendre et aller chercher ce dont ils ont besoin » – et de fragilité. Mais, selon lui, on trouverait cette même énergie chez beaucoup de jeunes placés dans un milieu similaire.

Guy A. Lepage

Né dans le quartier Hochelaga-Maisonneuve, l'animateur et comédien Guy A. Lepage a lui aussi découvert le Dr Julien dans un cadre professionnel. Il se souvient de sa rencontre avec l'homme « sur papier », puis sur le plateau de *Tout le monde en parle*, où il s'est rendu pour la première fois en 2005.

Comme il le fait pour tous ses invités, il a lu attentivement le dossier de presse que sa recherchiste lui a remis. En parcourant ses notes, il était de plus en plus étonné par le courage et la conviction de ce médecin qui accepte de se lever tous les matins pour affronter plus de problèmes que de solutions, dans un milieu où il n'y a que des enfants. Lorsqu'il l'a enfin eu devant lui, il a constaté que ce grand homme répondait plutôt maladroitement à toutes les questions qu'il lui posait sur son centre ou ses activités. Il s'est dit : « Je dois l'aider. » Le Dr Julien était tellement plongé dans son monde, à s'occuper de « ses » enfants, qu'il n'avait retenu aucune date, aucun chiffre, aucun numéro de téléphone… « Bref, en promo et en mise en marché, il était carrément pourri ! » conclut Guy A. Lepage.

Le célèbre animateur télé considère déjà le Dr Julien comme un héros, mais il note qu'il est totalement nul pour faire sa promotion. Guy A. et son gérant, Jacques K. Primeau, décident donc de l'aider. En peu de temps, ils montent un show des Porn Flakes au Métropolis et remettent les recettes au Dr Julien et au Club des petits déjeuners.

Le Dr Julien a été clair lorsqu'il est venu sur le plateau de *Tout le monde en parle*. Il préfère, et de loin, pour assurer la survie de sa clinique, compter sur l'aide de la communauté plutôt que de recevoir deux ou trois subventions gouvernementales qui dénatureraient son travail. Personne ne serait sensibilisé au drame des enfants maltraités ou en difficulté. Ce choix a touché Guy A. Lepage et il a voulu agir de la même façon. Plutôt que de tenter d'amasser de l'argent en appelant quelques personnalités pour les mettre à contribution, il a préféré, lui aussi, compter sur l'aide du plus grand nombre de gens, même si cela représentait une somme de travail supplémentaire.

Ainsi, en vendant 1 700 billets à 30 dollars pour le spectacle des Porn Flakes, il réussirait à amasser 51 000 dollars. De cette façon, le public était appelé à contribuer et, du même coup, il était sensibilisé aux problèmes de la clinique du Dr Julien. C'était beaucoup mieux que cinquante ou cent personnes. Et puis, 30 dollars, c'était à la portée de tout le monde. Des centaines de milliers de personnes ont ainsi pu entendre parler de la clinique du Dr Julien et du Club des petits déjeuners. Guy A. Lepage ne faisait que répéter la façon de faire du Dr Julien. En plus d'organiser ce spectacle, Guy A. a participé à la Guignolée du docteur.

Il demande aussi à visiter la clinique, où il peut constater tout l'amour du Dr Julien pour les enfants de son quartier, de même que la reconnaissance de ceux-ci envers le docteur et son équipe. Les enfants évoluent dans un univers où ils se sentent visiblement protégés, tout en assumant leur part de responsabilité dans cette vie communautaire. On ne met pas des enfants au monde pour les laisser se débrouiller seuls, sans amour, sans affection, sans nourriture ou toit, se dit Guy A., et il partage entièrement la maxime du Dr Julien: « Nous sommes collectivement les parents de tous les enfants du Québec. »

Dan Bigras

Dan Bigras, auteur-compositeur-interprète et comédien, pratique les arts martiaux depuis de nombreuses années. Il a fait la connaissance de Gilles Julien dans le cadre d'une émission de radio. Lorsque ce dernier lui a parlé de sa peur de perdre des jeunes « trop maganés et trop enragés », il a touché une corde sensible chez l'artiste.

Au dojo – une école d'arts martiaux – où il donne des cours depuis nombre d'années, Dan Bigras a côtoyé des enfants en colère, mais cela ne l'impressionne guère. Cette colère, au contraire, devient, pour lui, un outil de travail. Curieux, le Dr Julien a alors accepté de lui présenter quelques-uns de ses enfants pour tenter l'expérience. Aussitôt, le chanteur a remarqué qu'ils étaient complètement fermés et qu'il lui était impossible dans un premier temps de communiquer avec eux.

Une quinzaine d'enfants fréquentaient alors les cours de Dan Bigras et de son ami Ali Nestor Charles, le propriétaire de l'endroit. Parfois, seul un petit nombre se présente au cours. Avec les jeunes du Dr Julien, le seul « canal » ouvert semblait être celui de la colère. Dan Bigras ne s'est pas découragé pour autant et a décidé de tenter l'expérience. Ce qu'il appelait « cours de boxe » se transformait plutôt en des « cours de massacre et de tendresse ». Ces exercices, à la fois virils et doux, leur permettaient néanmoins de s'ouvrir peu à peu. Les enfants avaient le droit de taper sur des adultes. Pour ce faire, une certaine discipline s'imposait. Ils devaient obligatoirement se préparer, mettre un casque, enfiler des gants, etc. Certains tapaient très fort, d'ailleurs. L'artiste se souvient de s'être déjà retrouvé cloué au sol, à compter les étoiles. L'enfant, lui, semblait à la fois désolé et content de son exploit.

Plusieurs des ados qui participaient à ces cours avaient subi diverses agressions. Une agression signifie toujours une perte de contrôle, à des degrés divers, et Dan Bigras voulait qu'ils reprennent le contrôle sur eux-mêmes.

Une dizaine de minutes avant la fin des cours, ils étaient toujours sept ou huit à lui sauter sur le dos et ça finissait en bataille générale. Mais quand venait l'heure du repos, tous se collaient contre lui et certains s'endormaient même. « C'était un grand moment de tendresse. »

Le musicien devait parfois s'absenter pour aller donner des spectacles. Ces absences, plus ou moins longues, constituaient une rupture difficile à accepter pour les enfants. Lorsqu'il revenait après deux semaines de sevrage, les enfants se vengeaient en quelque sorte et les coups se faisaient plus durs. Leurs mots également changeaient, ils traduisaient cette frustration : « Oùsse t'étais, mon tabarnak ? » lui disaient-ils en cognant. Cette dureté, en fait, traduisait un grand désarroi. Les enfants voulaient dire, tout simplement, qu'ils s'étaient ennuyés de lui durant son absence.

Afin de permettre aux jeunes de se laisser aller complètement, sans retenue ni gêne, les parents n'étaient pas autorisés à assister aux cours. L'artiste voulait que les enfants soient entièrement libres, tout en côtoyant d'autres adultes. La notoriété de Dan Bigras lui permet, bien évidemment, de gagner leur confiance plus rapidement et il en est très conscient.

Comme on peut s'en douter, une quinzaine d'enfants aux prises avec des problèmes de comportement n'a rien de reposant. Mais Dan Bigras n'avait nullement l'intention de les assagir. « Je ne veux pas d'enfants sages dans la vie, disait-il comme un leitmotiv, je veux des enfants heureux, ce n'est pas la même chose. »

Alors qu'un coup de poing donné dans la rue peut entraîner une punition, sur un ring, le même geste suscite les encouragements et une certaine admiration. Dan voyait dans le mot « courage » une sorte d'abréviation de « cours de rage » et c'est un peu pour cela qu'il se définissait lui-même comme un « maître de colère ».

L'aventure avec des jeunes de la clinique du Dr Julien a duré trois ans. Puis un jour, en 2009, Dan Bigras a dû cesser les cours à cause de hernies discales sévères. « Gilles a un talent extraordinaire pour "esclavagiser" tout le monde pour la cause des enfants, dit Dan en riant. J'ai vu que ce qu'il me proposait pouvait faire une réelle différence dans la vie de ces jeunes. J'ai été son esclave et ça me faisait super plaisir ! »

Plus tard, lorsqu'il croise des jeunes rencontrés par l'entremise du Dr Julien ou du Refuge des Jeunes – un centre d'aide aux jeunes de la rue dont Dan Bigras est porte-parole depuis plus de deux décennies – en compagnie de leurs propres enfants, tous bien vivants, il en est profondément bouleversé. « Ça me serre le cœur, chaque fois. »

Anaïs Barbeau-Lavalette

Anaïs s'est présentée un jour à l'AED, au tout début de sa carrière, pour proposer au Dr Julien de faire un documentaire avec des enfants. Il a senti d'emblée une flamme et une détermination incontestables chez cette magnifique jeune femme.

Il a tout de suite vu en elle non pas la cinéaste, mais la grande fille assurée qui pourrait l'aider à accompagner une jeune patiente désespérée, aux prises avec une situation de vie extrêmement difficile. Il imaginait déjà un lien d'amitié essentiel et toute la compatibilité entre ces deux belles personnes, l'une ayant tout pour réussir, l'autre ayant un grand potentiel non activé et qui risquait de ne jamais s'actualiser. Ça a été un coup de foudre qui a permis de soutenir la jeune vers une trajectoire beaucoup plus positive, grâce à un lien qui dure encore après plusieurs années.

Cette rencontre et cette intuition ont conduit Anaïs et le Dr Julien au projet des Grands Amis, qui a permis à ce jour à plus d'une centaine d'enfants de trouver un guide, un ami et un pilote pour avancer dans la vie et découvrir un monde d'espoir et de succès. Au début, tous les amis proches d'Anaïs ont rapidement été mis à contribution, puis, de contact en contact, plusieurs bénévoles se sont ajoutés au fil des ans.

Par la suite, Anaïs s'est inspirée de son expérience à la clinique du Dr Julien pour façonner un film touchant de vérité et d'émotions, *Le Ring*, sorti en 2007. Elle est encore Grande Amie dans l'âme et proche de la mission du Dr Julien.

Les fondements de la pédiatrie sociale en communauté

« On ne peut être baignés dans cette souffrance quotidienne des enfants sans en chercher les causes et les meilleurs outils pour intervenir efficacement. Les principes qui guident nos actions sont bien sûr l'équité sociale, le respect des droits et les chances égales de réussite. Pour mieux cerner notre intervention, les questions de l'identité, de l'attachement et de la résilience sont fondamentales », affirme le Dr Julien.

Si les expériences interculturelles ont eu un effet majeur sur l'approche privilégiée par le Dr Julien, plusieurs études et spécialistes ont aussi conforté ses convictions sur d'autres questions. Il a été particulièrement sensible à la théorie de l'attachement, élaborée par John Bowlby dans le livre *A Secure Base*[4], dont le principe est qu'un jeune enfant a besoin de développer une relation d'attachement avec au moins une personne qui prend soin de lui sur une longue période et de manière

4. John Bowlby, *A Secure Base: Parent-Child Attachment and Healthy Human Development*, Londres, Routledge, 1988.

cohérente pour connaître un développement social et émotionnel normal. Cette approche occupe une large place dans sa pratique de la pédiatrie sociale.

Le travail sur l'identité, avec la méthode de l'*empowerment*, lui tient particulièrement à cœur. Plutôt que de prendre en charge un patient, on l'accompagne et l'encourage à mobiliser toutes ses capacités. C'est ce que le docteur fait avec ses familles. Et il cite en exemple cette mère qui arrive dans son bureau, détruite, la tête basse, parce qu'elle se fait dire qu'elle est dysfonctionnelle et qui, une heure après, en ressort la tête haute et déterminée. « C'est ça, l'*empowerment*, dit-il. Cette femme ne mérite pas ça, et je le lui dis, je lui démontre qu'elle a du talent, que je le vois. » Il lui faut alors travailler sur ce pouvoir et l'accompagner. Si cette personne ne peut fournir que 10 % des efforts, le centre en fera 90 %, jusqu'à ce que la situation évolue et s'améliore. Alors que dans la vie courante, on dit à ces gens-là : « On va te prendre en charge, t'es pas bonne, on va te donner des cours… » La philosophie du centre est tout autre : « On va t'accompagner, t'es bonne et on va y arriver ensemble. »

L'approche ethnopsychiatrique interpelle le Dr Julien, qui a découvert, dans les années 1990, l'approche ethnoculturelle, surtout développée par des Français, dont Tobie Nathan. L'ethnopsychiatrie se penche sur les racines profondes des individus et questionne l'identité et les bases de la personne. Cette attitude est particulièrement utile lorsqu'un spécialiste travaille avec des gens traumatisés par la guerre ou qui ont été déracinés de leur milieu. Impossible, dans de tels cas, de tenter une démarche centrée sur sa propre culture.

Il faut alors développer une méthode où chaque culture y va de sa propre contribution.

Cette démarche a été particulièrement fructueuse auprès des personnes autistes, par exemple. « Comment l'autisme est-il perçu par la culture d'origine et par la culture d'ici, et comment arriver à trouver ensemble un consensus sur ce qu'il faut faire ? » se demande le docteur. Aucune des cultures n'a la réponse. Mais leur adéquation permet de mettre en place des solutions concrètes. C'est ce qui intéresse le Dr Julien.

En réalité, une rencontre basée sur cette approche ressemble à une réunion informelle avec des gens provenant de différents horizons. Tous les intervenants se regroupent autour de l'enfant : des gens de sa culture d'origine, mais aussi d'autres cultures. Cela peut représenter jusqu'à vingt personnes. Plus il y a de monde, mieux c'est, l'important étant que ce soit très égalitaire et participatif. Les gens s'assoient en cercle autour de l'enfant, qui est au centre et s'amuse avec des jouets. On discute de lui et on observe ses réactions. Lorsqu'il se passe quelque chose de significatif, l'enfant y prête attention. Tous les adultes sont importants dans ce processus. « C'est vraiment l'énergie de l'ensemble qui vient soutenir l'enfant en difficulté[5]. »

Il faut une ouverture d'esprit hors du commun pour parvenir à un résultat pertinent. Le cas d'Ahmed, un jeune garçon que le Dr Julien a rencontré à la clinique,

---

5. Ce processus se nomme le Cercle de l'enfant, un outil qui favorise le partage des connaissances et la prise de décision pour dénouer l'impasse dans laquelle se trouvent l'enfant et sa famille. Pour plus d'information : *Le Cercle de l'enfant*, un film réalisé par Mélanie Charbonneau pour la Fondation du Dr Julien. (http://www.fondationdrjulien.org)

est particulièrement éloquent. Il avait alors quatre ans. La première rencontre a eu lieu en présence d'une ethnopsychiatre, des gens de sa communauté et d'une travailleuse sociale. Ahmed avait l'air d'un enfant autiste. Il avait un comportement étrange. Son père et sa mère étaient africains, du même pays, mais ils venaient de deux ethnies différentes. Les grands-parents paternels n'acceptaient pas que leur fils vive avec une femme d'une autre ethnie. Le jeune couple avait alors décidé d'aller au Canada pour fuir cette situation.

Juste avant le départ, les parents de l'homme ont exigé que celui-ci séjourne dans son village natal avec sa femme et leur unique enfant, prénommé Ahmed, qui est mort cette nuit-là. Le couple est ensuite parti s'installer au Québec. Ils ont conçu un autre enfant, à qui ils ont donné le même prénom, Ahmed. Le garçon que le docteur a rencontré était donc un enfant de remplacement. Selon les parents, il était porteur d'un sort, c'est ce qui expliquait son état.

Après plusieurs rencontres avec l'équipe transculturelle et le Dr Julien, ils ont décidé d'envoyer Ahmed dans le village d'origine du père pour que le sort soit conjuré. Lorsque l'enfant est ensuite revenu au Québec, il était tout à fait normal, mais il portait un autre prénom. Personne ne sait réellement ce qui s'est passé pendant son séjour là-bas. Aujourd'hui, le jeune homme va au secondaire et il est magnifique.

Pour les parents, ce rituel revêtait beaucoup de sens, mais personne ne les écoutait. Ils n'osaient même plus en parler.

Encore aujourd'hui, cette technique permet au Dr Julien de trouver des solutions qui ne surgiraient pas à la suite d'une simple consultation médicale.

Les droits de l'enfant

À partir de la mise en place du Cercle de l'enfant, Hélène (Sioui) Trudel fonde l'Alliance droit santé, un outil novateur pour assurer l'application des droits au sein même de la communauté. Tout comme le modèle du Cercle de l'enfant, elle appuie ses démarches sur la Convention relative aux droits de l'enfant qu'elle résume en sept grands principes[6].

D'entrée de jeu, chaque enfant évalué en clinique a en moyenne deux droits bafoués. Ce sont habituellement les effets directs de stress toxiques associés aux iniquités sociales et qui se traduisent plus fréquemment par de la négligence. Ce peut être le droit de protection, le droit d'identité, le droit de vivre en sécurité, le droit à une éducation adaptée à ses besoins ou le droit de vivre dans un logement salubre, par exemple.

En intégrant la pratique du droit et de la médiation au sein des cliniques de pédiatrie sociale en communauté, il est donc possible de servir les populations d'enfants vulnérables de façon plus efficace. Cela permet également d'impliquer directement les principaux acteurs, les parents, la famille, le voisinage et les intervenants significatifs des différents systèmes dans la recherche des meilleures solutions pour l'enfant. Enfin, cela permet d'interpeller la société pour soutenir le mieux-être des enfants.

L'accès à la justice, par l'entremise d'un avocat médiateur au sein de la structure ou même en litige dans

---

6. Voir p. 165 les sept grands principes de la Convention relative aux droits de l'enfant.

certains cas avec l'aide de leur partenaire Borden Ladner Gervais ou de procureurs qui comprennent la pratique de la pédiatrie sociale en communauté, permet de faire respecter tous les droits des enfants et de mieux soutenir les familles aux prises avec des problématiques lourdes, qui nuisent souvent à l'épanouissement de leurs enfants.

Ainsi, l'alliance entre la pratique du droit et celle de la pédiatrie sociale contribue indéniablement à la mise en œuvre de la Convention relative aux droits de l'enfant. Divers outils ont été mis en place pour y arriver : le Cercle de l'enfant, une grande médiation préventive et mobilisatrice[7], ainsi que le Garage à musique[8], un projet de développement social qui combine la pratique collective de la musique, l'accompagnement scolaire et la pédiatrie sociale en communauté.

Les outils de travail

L'APPROCHE NOVATRICE

Même s'ils se donnent complètement à leurs tâches, le Dr Julien et son équipe ne sont pas des magiciens qui transforment des vies à l'aide d'une baguette magique. Ils utilisent plutôt des méthodes qui ont déjà fait leurs preuves, en plus de différents outils qu'ils ont développés et adaptés au fil des ans. La plupart de ceux-ci semblent si naturels qu'on se demande pourquoi ils ne vont pas de soi dans tous les milieux. Pour le Dr Julien, c'est ici que se situe la vraie médecine, une médecine globale qui soutient

---

7. Voir page 101.
8. Voir page 142.

les gens, et en particulier les enfants, qui en ont vraiment besoin, et qui s'attaque aux causes des problèmes.

Dès le premier contact avec l'enfant, le médecin s'efforce de chercher « la lumière » dans ses yeux. Lorsqu'un enfant éprouve des difficultés, on lui trouve, en règle générale, toutes sortes de faiblesses. Mais pas à la clinique où ce qui intéresse le soignant, c'est de déceler les forces de l'enfant. L'équipe utilise l'approche APCA développée par le Dr Julien, acronyme pour « Apprivoisement », « Partage », « Compréhension » et « Action ». Cela se traduit par différents gestes qui consistent à prendre les enfants, à s'attacher à eux et à échanger avec eux afin de mieux les comprendre et de déterminer leurs besoins ainsi que ceux des parents et des intervenants, toujours dans leur meilleur intérêt.

« On s'apprivoise, on se reconnaît, puis on partage des jouets, des paroles et des émotions. On se comprend, on se découvre et on passe à l'action ensemble. Voilà le sens de la pédiatrie sociale, une méthode qui est une science, mais également un art : l'art de l'écoute, de l'échange humain et de la consolation », explique le Dr Julien.

Pour obtenir les résultats escomptés, l'implication de tout le réseau social est nécessaire. Les organismes communautaires de même que les intervenants des institutions qui œuvrent auprès des enfants doivent être mis à contribution. La fusion de tous ces services, généralement prodigués de manière indépendante, permet d'entreprendre des actions plus cohérentes, directement connectées aux besoins de l'enfant. Plus personnalisé, l'accompagnement devient plus efficace. Surtout, l'enfant se sent davantage soutenu et écouté. Car, qu'il vive en Afrique, dans le Grand Nord ou dans une grande ville du Québec, ses besoins sont les mêmes et devraient être comblés aussi bien par son entourage immédiat que par sa communauté. Un village responsable de ses enfants, voilà ce que prônent justement le Dr Julien et son équipe.

LE STÉTHOSCOPE ET LE MARTEAU RÉFLEXE

Les outils de travail du médecin facilitent l'apprivoisement des jeunes patients. En posant le stéthoscope sur le cœur d'un enfant, un contact physique s'effectue, ainsi qu'un rapprochement essentiel. Il en est de même avec le marteau réflexe, qui surprend et fait rire les enfants.

Pour le Dr Julien, le fait d'être médecin permet d'approcher l'enfant de beaucoup plus près. Cette intimité entre le soignant et le soigné permet de relier plus facilement une problématique complexe à un symptôme physique, puis de passer à la prochaine étape, qui consiste à partager les informations. L'examen ne s'effectue donc pas dans un sens unidirectionnel.

Ainsi, en examinant l'enfant et en discutant avec lui, le médecin parvient souvent à trouver la source d'un problème plus profond ou, du moins, des pistes de solution. Ce sont souvent les enfants eux-mêmes qui guident directement l'action et qui approuvent les hypothèses du médecin.

Des exemples de services offerts à la clinique de l'AED

Le « cœur » de la pédiatrie sociale en communauté consiste à accueillir les enfants et les familles vivant des situations de vulnérabilité qui se transposent souvent en problèmes de développement, d'adaptation ou de comportement. L'équipe s'affaire à trouver des moyens pour prévenir ou guérir ces maux, sur tous les plans: physique, social, psychologique, culturel ou spirituel. L'approche se fait en proximité avec le milieu et l'entourage des familles, dans un mode de respect, de partage, de pouvoir et d'équité.

Outre cette fonction fondamentale, on trouve des services professionnels complémentaires exercés par des médecins, des travailleurs sociaux, des ergothérapeutes, une neuro-psychologue, des psychoéducatrices et des art-thérapeutes.

À cela s'ajoutent une multitude d'activités de soutien et de renforcement grâce à l'implication de nombreux bénévoles de tous âges. Ainsi, la notion du « village » qui prend soin de ses enfants prend forme dans le centre de pédiatrie sociale en communauté.

Chacun des services et chacune des activités offerts répondent à un des droits fondamentaux de l'enfant.

1. Le droit d'être bien outillé pour se développer pleinement

Pour s'assurer que le cerveau de l'enfant soit stimulé de façon optimale dès le début de la vie et pour contrer les effets toxiques des environnements vulnérables, des ateliers de stimulation et d'accompagnement sont offerts aux zéro-cinq ans et leurs parents. Avec l'aide des intervenants, psychoéducateurs et éducateurs, les parents peuvent trouver les meilleurs moyens de faire face aux difficultés qu'ils vivent avec leur enfant, dans un climat d'échanges et de respect. Les obstacles rencontrés par les familles sont de tout ordre: un manque de connaissances, un problème d'attachement ou de socialisation, un trouble du langage, des difficultés motrices, de la négligence, un environnement violent et bien d'autres.

Ces ateliers visent essentiellement à stimuler l'enfant, améliorer la relation parent-enfant et renforcer la compétence parentale. Ainsi, ils servent d'incubateur pour propulser le développement des enfants vers des réussites. Plusieurs placements en centre d'accueil ou en familles d'accueil sont ainsi prévenus.

« C'est notre contribution au grand exercice de stimulation maximale des capacités cérébrales pour le développement maximal des compétences de l'enfant », affirme le Dr Julien.

2. Le droit de réussir à l'école

Le projet Accès à l'école s'échelonne sur plus de six mois et commence avant la rentrée scolaire des enfants, dès l'âge de quatre ans. Il vise à faciliter le passage de la maison à l'école, une période de transition qui ne se vit pas toujours facilement. L'école qui participe au projet organise des activités en partenariat avec le centre de pédiatrie sociale, afin de créer des liens entre l'école et la maison, mais également de susciter chez l'enfant le plaisir d'aller à l'école.

Une évaluation par une équipe de chercheurs de l'Université du Québec à Montréal a démontré l'impact de cette initiative lors de la rentrée scolaire. On observe une meilleure motivation des enfants, un plus grand apprivoisement, une meilleure participation des parents, des capacités d'apprentissage plus grandes, un lien sécurisé avec l'école dès la rentrée et des difficultés mieux cernées, avec un plan de soutien déjà en action.

3. Le droit de jouer en sécurité

La Ruelle située derrière le centre Assistance d'enfants en difficulté, rue Aylwin, n'est pas une ruelle comme les autres, car elle appartient aux enfants. C'est un lieu sécuritaire et supervisé par une équipe d'éducateurs qui y organisent plusieurs activités.

En 2008, les intervenants de la clinique ont eu une idée grandiose : rallier tous les voisins et propriétaires de la rue Aylwin autour d'un projet unificateur, celui de transformer la ruelle en un terrain de jeu au service des familles du quartier.

Le voisinage, les services publics et les ressources communautaires du quartier ont été sollicités lors de l'élaboration de ce projet. On a planté des fleurs, des voisins ont ouvert leur cour arrière, bref, la Ruelle du Dr Julien est devenue un lieu accueillant, sécuritaire, et elle a contribué à revitaliser le quartier. Elle est ouverte toute l'année et peut accueillir plus de trente jeunes par jour en été.

Tout l'été et même pendant l'année scolaire, en plus de les rejoindre dans la Ruelle, une équipe d'éducateurs invite les familles à participer à des activités dans le quartier : jouer au parc Morgan, se baigner à la piscine publique, apprendre à faire de la planche à roulettes, s'initier aux technologies de l'information, etc. Toute la communauté est appelée à mieux connaître son quartier et à s'occuper de ses enfants.

4. Le droit à l'appartenance et l'identité

Depuis cinq ans, une cérémonie d'accueil des nouveau-nés permet à la communauté de prendre un temps d'arrêt, une fois par année, pour souhaiter la bienvenue à ses nouveau-nés. Il s'agit d'un rituel d'accueil et d'appropriation qui confirme la joie de toute la communauté de recevoir en son sein ces nouveaux venus et, surtout, de leur confirmer l'engagement de tous à soutenir leurs besoins et leurs droits avec le milieu familial.

La cérémonie pratiquée par une sage autochtone et par les aînés est culturelle et spirituelle. Elle démontre la qualité du tissu social autour des enfants.

5. Le droit d'être bien guidé pour réussir

À titre d'accompagnants privilégiés, les Grands Amis offrent une forme de mentorat et d'inspiration aux jeunes qui vivent de l'isolement sous différentes formes. Être bien guidé, c'est s'ouvrir sur le monde, penser un jour pouvoir réaliser ses rêves et surtout prendre conscience de ses valeurs et de son importance dans la société.

Les jeunes sont jumelés à des adultes de différents âges avec comme seul mandat de découvrir une amitié et de s'attacher pour mieux foncer et réussir. Ils se permettent de pratiquer des activités inédites, de partager des passions et des morceaux de vie, d'apprendre de nouveaux outils, de sortir de leur milieu et de partir à la découverte.

Depuis les débuts de ce programme, plus d'une centaine d'enfants ont profité de l'arrivée d'un Grand Ami dans leur vie.

6. Le droit de découvrir et de s'émerveiller

Le droit de découvrir et de parfaire ses talents se concrétise aussi pour les six-quatorze ans par des ateliers thématiques animés par des bénévoles après l'école et les fins de semaine. Relaxation, cuisine, arts plastiques, théâtre, tricot et même pêche à la mouche trouvent des adeptes très impliqués et servent de prétexte pour développer des amitiés transgénérationnelles. Il en résulte une motivation à réussir et explorer pour mieux vivre.

Des histoires à raconter

Jessica

Rencontre avec Jessica dans son appartement d'un HLM du quartier. La jeune femme, croisée au cabinet du Dr Julien, est mère de deux enfants. Elle habite maintenant un quatre et demie avec son conjoint, sa fille et son fils, né en août 2010.

La dernière année n'a pas été facile : trois jours avant de mettre au monde son second enfant, elle a vu partir en flammes tout ce qu'elle possédait. « La voisine était frustrée contre le propriétaire, alors elle a laissé un chaudron de patates frites sur le rond et une chandelle allumée », raconte-t-elle. La chambre de sa fille était envahie par la fumée quand Martin, son conjoint, a senti une odeur anormale. Tous s'en sont miraculeusement sortis. Une annonce publiée sur Kijiji et une allocation de 2 000 dollars de la part du Programme d'aide sociale leur ont permis de meubler minimalement leur nouveau logement.

Des sacs-poubelle remplis de vêtements jonchent le sol du petit appartement. « C'est du linge sale, notre minilaveuse a sauté. » Un téléviseur géant trône au centre de la pièce. Quelques jouets traînent ici et là. Deux chats s'étirent paresseusement pendant que le chien ronfle sur le fauteuil rose.

Jessica est seule avec Martin aujourd'hui, ses enfants étant hébergés jusqu'au lendemain par un organisme communautaire qui donne un peu de répit aux parents de milieux défavorisés. Elle s'assoit sur le sofa noir et raconte son histoire, sans pudeur.

Elle avait sept ans quand le Dr Julien et Julie Desharnais sont entrés dans sa vie. Elle ne se rappelle plus très bien comment elle a atterri dans la clinique de la rue Aylwin. Elle se souvient vaguement qu'elle vivait une grande détresse.

Du plus loin qu'elle se souvienne, sa mère ne lui a jamais donné de preuves d'affection. Les « Je t'aime » sont aussi rares qu'un repas équilibré dans les logements qu'elle partage au fil des ans avec ses frères et leur mère, mère qui préfère bien souvent fumer un joint plutôt qu'éduquer ses enfants. La famille déménage constamment, forçant la fillette à changer d'école plusieurs fois par année. « C'était toujours à Hochelaga, sauf une fois, à Longueuil. »

Les hommes défilent, tous plus anonymes les uns que les autres. L'un d'eux se détache toutefois du lot. Rémi s'installe un jour avec ses propres filles sous leur toit. Ce sera l'horreur. Les enfants partagent la même chambre. Le soir, il leur arrive de bavarder avant de fermer l'œil. Mais Rémi ne tolère aucun son. Le moindre chuchotement qui traverse les murs épais comme du carton se transforme en prétexte pour déverser le flot de sa colère. Jessica sait, à la seconde où elle entend ses demi-sœurs échanger une parole, qu'elle servira à nouveau de défouloir. Elle se recroqueville et ferme les yeux en espérant qu'il l'épargne, ne serait-ce que cette fois-là…

Rémi lui fabrique aussi des cabanes avec des couvertures. C'est ce qu'il fait les soirs où il file quelques billets à sa maman pour qu'elle aille passer du bon temps au bingo. Elle aime tant jouer, sa mère ! Son homme sait comment la combler pour se retrouver seul à la maison.

Tapie dans son refuge, Jessica a peur. Elle sait que les murs de sa cabane ne résisteront pas bien longtemps aux désirs de son beau-père. Au moment où elle s'apprête enfin à fermer les yeux, elle sent son sexe bandé et le froid de la lame sous sa gorge.

Quand ce n'est pas lui qui la pénètre, c'est son cousin, qui ne vit pas avec eux. Un soir, les deux hommes se relaient même pour éjaculer dans le sexe de la petite fille. Le viol devient son quotidien pendant deux ans.

Un jour, Jessica en a assez. S'il lui faut mourir, tant pis. Elle prend son courage à deux mains, soutenue par ses frères cadets, qui subissent eux aussi les assauts des deux hommes. Elle retrouve sa mère à la cuisine et lui raconte tout. « C'est pas vrai ! » lâche-t-elle en continuant de peler ses pommes de terre. Elle sait pourtant que sa fille ne ment pas. « Ma mère nous a crus. Elle est allée le voir pour le confronter et il l'a frappée. »

Jessica s'ouvre à Jacinthe, la meilleure amie de sa mère. « J'étais toujours en train de pleurer dans mon coin », se souvient-elle. La femme a retrouvé l'homme et l'a pris à la gorge en lui faisant jurer de ne pas recommencer. « Quand j'étais au secondaire, il a essayé de me reparler. Ses filles m'ont dit qu'il voulait s'excuser. Mais j'ai refusé. »

Si les filles du violeur n'ont jamais voulu porter plainte contre leur père – elles aussi ont été agressées –,

Jessica, elle, n'a pas hésité à le faire. « Mais il n'est jamais allé en prison. Il n'a seulement pas le droit de nous approcher, mes frères et moi. Il s'est fait casser la gueule plusieurs fois par des gens qui ont entendu parler de ce qu'il nous a fait. »

La jeune fille parle aussi à des grandes personnes en qui elle a confiance, à l'école. Elle ne sait pas comment elle a atterri dans le bureau du Dr Julien, mais elle sait qu'il lui faisait peur au début, lui aussi. Chaque fois qu'elle l'apercevait, elle se sentait mal à l'aise et pensait s'enfuir. Puis tranquillement, l'apprivoisement s'est fait et il est devenu un peu le chef de sa nouvelle famille à l'AED.

Peu à peu, les craintes se sont estompées. Mais il lui faudra des années pour cesser de voir le visage menaçant de Rémi dès qu'un homme s'approche d'elle.

La rupture avec Rémi marque la fin d'une époque. La mère de Jessica emménage avec Jacinthe, devenue son amoureuse. Les trois filles de cette dernière entrent aussi dans sa vie. Deux choses changent toutefois radicalement à ce moment : sa mère cesse de consommer des drogues parce que sa conjointe les a en aversion, et sa confidente vit maintenant sous le même toit qu'elle. Mais ce n'est pas plus rose…

Jessica adore l'école. Sa mère n'hésite cependant pas à l'en exempter pour qu'elle l'aide à faire mille et une tâches ménagères. « Je pleurais pour aller à l'école. Ma mère me demandait : “Pourquoi t'aimes ça comme ça, l'école ? Qu'est-ce qu'il y a là-bas ?”… »

Elle devient rapidement une habituée de l'AED. « Même quand j'avais dépassé l'âge pour m'inscrire aux ateliers, j'y allais quand même. Normalement, on arrête à douze ans. J'y allais encore à quatorze. » Ces escales à l'AED l'ouvrent sur un autre univers, là où il est possible d'être écouté et de manger à sa faim. « Ça me faisait un *break.* Je voyais les éducatrices. Je me disais : "Au moins, une fois par semaine, j'ai ça." »

Mais un jour, ce n'est plus assez. L'idée de retourner chez sa mère après l'école est au-dessus de ses forces. Elle débarque en trombe à la clinique et demande au Dr Julien et à son adjointe Julie Desharnais de la sortir de son milieu pourri.

Jessica habite en famille d'accueil dès l'âge de quinze ans. Le week-end, elle revient chez sa mère. Chaque séjour la laisse un peu plus blessée. Elle rapporte des poux, doit effectuer toutes les tâches ménagères, quand ce n'est pas un énième déménagement nocturne que l'oblige à faire sa génitrice.

Les lundis matin sont synonymes de cauchemar tant pour elle que pour ceux qui l'ont prise sous leur aile. La jeune fille manque cruellement de sommeil et déverse son fiel sur ses tuteurs. « J'étais toute déboussolée. J'envoyais chier tout le monde. » Après quelques mois de ce manège, des visites supervisées sont imposées.

Sur recommandation du Centre jeunesse de Montréal, elle séjourne aussi dans un foyer pour adolescentes. « J'étais la leader négative du groupe, se souvient-elle. Si je disais quelque chose à l'une des filles, elle le faisait. Il y avait toujours quelqu'un pour me suivre. »

Méfiante envers les hommes, Jessica a du mal à les laisser s'approcher trop près. Il lui faut du temps avant d'arriver à être à l'aise dans les bras d'un amoureux.

Martin se distingue des autres. Avec lui, elle a envie d'aller plus loin. Elle veut des enfants, tout de suite. Elle a dix-sept ans.

À six mois de grossesse, alors qu'elle habite dans un foyer de groupe, la jeune fille organise une manifestation qui tourne au vinaigre. Elle est alors placée dans un centre de réadaptation fermé. Alors qu'elle entame son huitième mois de grossesse, elle est transférée dans un foyer pour les mères et leurs enfants. Elle y reste un an. « Ils m'ont mise à la porte. Je ne m'entendais pas avec les travailleuses sociales et je ne collaborais pas. » Chacun de ses gestes avec son bébé est surveillé... et souvent critiqué. « Je ne perdais jamais patience quand ma fille pleurait et, pour eux, ce n'était pas normal. »

Joanie n'a pas encore deux ans quand naît Peter. Après l'épisode de l'incendie, ils s'installent dans ce modeste logis, situé à quelques minutes de l'AED. « Une travailleuse sociale est venue évaluer mes capacités parentales quand il est venu au monde. C'était la même qui m'avait vue quand j'étais enfant. Elle ne comprenait pas pourquoi elle devait venir m'évaluer. »

Des intervenants de la DPJ sont également allés s'assurer que ses enfants étaient bien traités. « Mes voisins fument du pot et ma fenêtre est toujours ouverte. La travailleuse sociale est allée voir dans la chambre si c'était mon chum, pour voir s'il fumait en présence de notre fils. »

Aujourd'hui, Jessica compte très peu d'amis. Une sélection naturelle s'est effectuée au moment où elle est devenue mère. Elle prend son nouveau rôle très au sérieux. « Je me méfie des hommes et j'ai transmis cette méfiance à ma fille. Je lui dis tout le temps que je l'aime, et elle me le dit aussi. »

Heureuse dans son rôle de mère, elle rêve de donner la vie à deux autres reprises. Elle occupe ses journées avec le tricot, mais aussi avec l'écriture. « J'écris ma vie, ce qui se passe. Mais je ne fais lire ça à personne. »

Quelques semaines après cette rencontre, Martin la quitte. Elle couche quelques vers sur le papier pour exprimer sa douleur :

[…]
Je me demande parfois si je t'aime
Est-ce un crime ? Mais je ne veux pas de peine
*Si tu voudrais [*sic*] m'accorder une chance*
*Peut-être que ça ferais [*sic*] de la nuance*
Mais tout sera en beauté jusqu'à la fin
Parce que c'est tout simplement le destin
[…]

Elle a, depuis, rencontré un autre homme et s'apprête à effectuer un retour aux études. Elle espère pouvoir travailler comme secrétaire. Et surtout, elle rêve.

« Je me vois dans une maison. J'imagine mon grand salon avec mon divan en L, ma grosse télé sur le mur. Ma laveuse-sécheuse serait DANS ma salle de bain. J'aurais ma table en vitre, mes chaises confortables… Ici, ce n'est pas la maison de mes rêves. Ce divan est vraiment dur. Il faut que je sois bien chez nous. J'aimerais que mes enfants aient chacun leur chambre et les aider à faire leurs devoirs quand ils vont rentrer de l'école. »

Ève

Ève a seize ans et la voix fluette d'une enfant. Son visage rousselé et son caractère affirmé lui donnent des airs de Fifi Brindacier. « J'ai connu le Dr Julien parce que j'habitais à côté de la clinique et qu'il connaît tous les jeunes d'Hochelaga, raconte-t-elle. J'ai un souvenir où je sors de ma maison pour aller à l'AED. Je courais partout. Le Dr Julien est venu me voir et m'a demandé ce que je faisais. Il m'a dit: “Pourquoi tu ne viens pas faire des activités ici? Qu'est-ce qui t'intéresse? On peut t'aider si tu veux!” C'est mon docteur depuis ce temps-là. »

« Sa maison », c'est celle de sa quatrième famille d'accueil en cinq ans de vie. « Je ne me rappelle pas comment je suis arrivée chez eux. »

Elle sait seulement que, peu après sa naissance, sa mère l'a confiée à l'une de ses copines, qui lui a rendu le poupon quelques mois plus tard, puis elle le lui a ramené de nouveau. C'est à ce moment que la DPJ est intervenue.

Elle devient rapidement une habituée de l'AED. « J'allais voir le Dr Julien, comme ça », dit-elle simplement.

« Elle avait toujours le sourire, se rappelle le médecin. Mais je savais qu'il était faux. » Jamais elle ne fait la moindre confidence à l'homme, même si elle développe vite des liens privilégiés avec lui. « Je ne voulais pas dire que ça ne *filait* pas. Je pensais peut-être que ma situation était normale. Et j'avais peur que ce soit pire si j'en parlais et que ma famille d'accueil le découvrait… »

Quand elle parle de cette famille dont la maison était voisine de l'AED, elle fait référence à celle où elle a eu « une mauvaise expérience » et se ferme à toute question subséquente. Elle finira par résumer ainsi la situation: « J'étais maltraitée. Par exemple, un jour, j'ai demandé si j'avais encore du shampoing, elle [la tutrice – elle ne la nommera qu'une fois en plus d'une heure de discussion] m'a chialé dessus. Je lui ai reposé la question plus tard et elle m'a rentrée dans le mur. Un jour, mon frère a dit à une travailleuse sociale comment j'étais traitée. La DPJ est venue me chercher à l'école et je n'ai plus jamais revu cette famille. »

La coupure est radicale. Encore aujourd'hui, elle regrette de ne pas avoir pu dire au revoir à ses frères. « L'un d'eux venait toujours me voir pour vérifier si j'allais bien », se souvient-elle.

Même si elle n'a jamais vécu avec sa mère biologique, qui consommait des drogues et travaillait comme escorte au moment de sa naissance, Ève l'a rencontrée à quelques reprises avant de décider de couper les ponts avec elle. «J'ai décidé de ne plus la voir le 6 mars 2008, raconte-t-elle. Nous étions allées manger chez St-Hubert. J'étais sur le point d'avoir treize ans. Elle m'a demandé : "As-tu hâte d'avoir douze ans ?" Je lui ai répondu : "Tu ne connais pas mon âge ?" J'étais fâchée. Depuis ce jour, je ne lui parle plus. Une mère est supposée connaître l'âge de son enfant. »

Elle n'entretient pas de liens non plus avec la plupart de ses frères et sœurs biologiques. «J'en ai plein ! dit-elle en levant les yeux au ciel. Il y a le grand frère que je ne connais pas, la demi-sœur que je connais mais que je préférerais ne pas connaître, j'ai mon petit frère qui est mon "vrai petit frère" parce que je le vois souvent, il y a aussi un autre petit frère et une autre petite sœur que je ne connais pas. »

De son enfance, elle dit ne pas se souvenir de tout. Certaines anecdotes fusent toutefois au détour d'une phrase. Elle nous laisse penser au pire. «J'étais un petit démon quand j'étais jeune. Je voulais toute l'attention. J'avais six ans. »

À la suite de sa « mauvaise expérience » en famille d'accueil, Ève intègre une autre famille. L'expérience tourne à la catastrophe. «J'ai pété des coches, résume-t-elle. Je suis allée en centre, puis dans un foyer, mais ça n'a pas marché. Je suis donc retournée dans un centre, puis dans le foyer où je suis en ce moment.» Tout ça entre l'âge de cinq et seize ans…

Dans le jargon de la DPJ, un foyer est un milieu de vie où évoluent des jeunes, encadrés par des éducateurs. «Ça ne paraît pas que c'est un foyer, explique Ève. Ça ressemble à n'importe quelle maison.» Le centre de réadaptation – auparavant appelé «centre jeunesse» – est l'étape ultime, l'endroit où sont envoyés les jeunes qui accumulent les échecs.

Au printemps 2011, Ève effectue un stage à la SPCA afin de voir si son désir de devenir vétérinaire est suffisamment fort (réponse: il l'est toujours, mais auprès des animaux exotiques plutôt que domestiques). «Je devais donner de l'amour aux vieux chats d'un an et plus. Je les sortais de leur cage, je les caressais, les brossais, je leur permettais de se dégourdir.»

De l'amour, elle reconnaît pourtant ne jamais en avoir reçu. «J'ai eu beaucoup d'attention, mais de l'amour, non.» Elle se souvient toutefois d'une dame qui la berçait tous les soirs dans un centre où elle avait été placée. Elle n'aime pas garder contact avec les gens de son passé pour ne pas se rappeler les mauvais souvenirs, mais il lui arrive encore de voir cette femme qui l'a traitée comme sa fille, ainsi que l'un des enfants avec lequel elle a grandi.

Sera-t-elle une bonne mère? Elle ne le sait pas. «Mais je vais donner beaucoup d'amour à mes enfants, parce que c'est ça la chose la plus importante», dit-elle sans hésiter.

Amoureuse depuis près de deux ans d'un garçon rencontré dans une école spécialisée, elle semble trouver un certain équilibre entre sa vie au foyer et le monde extérieur. « Le Dr Julien m'a aidée à grandir. Chaque fois que je le vois, je lui fais toujours de gros câlins. C'est comme mon papa. »

Le visage de la jeune fille s'éclaire d'un large sourire. Un vrai sourire, qui se voit aussi dans les yeux.

Le combat se poursuit

Entouré d'une équipe de psychoéducateurs, d'avocats, de travailleurs sociaux, d'éducateurs en tous genres et de bénévoles, le Dr Gilles Julien a créé un environnement qui offre d'aider les jeunes dans leur globalité. Il n'est cependant pas toujours évident pour les gens qui le côtoient de le suivre pas à pas dans ses réflexions. Rien n'est jamais acquis dans ce domaine.

Ainsi, l'AED a connu un roulement de personnel important depuis sa fondation. Le docteur sait fort bien où il va, mais tout bouge tellement rapidement autour de lui, il n'a pas nécessairement toujours le temps de tout expliquer à ceux qui sont à ses côtés. Le docteur se définit comme un développeur et entrepreneur, ce qui déstabilise certains de ses collègues. Chez lui, il n'y a pas de place pour l'immobilité et l'on imagine facilement que ce genre de fonctionnement n'est pas simple. Il nécessite une grande souplesse et des collaborateurs capables de se « revirer de bord » aisément et rapidement.

Le Dr Julien admet que cette précarité est des plus inconfortables. Mais toujours il garde le cap, les yeux rivés sur son objectif. Sa mission est claire : donner le maximum pour servir les enfants les plus démunis du Québec, ceux qui tombent entre deux chaises et entre les systèmes censés les soutenir. Pour y parvenir, il doit développer des lieux d'accompagnement pour ces enfants-là, des endroits où ils auront un droit de parole, recevront du soutien de la part de personnes qui les comprennent.

Pour que ces jeunes puissent s'en sortir, il faut également soutenir la famille. Il s'agit d'un droit fondamental auquel ces enfants doivent avoir accès. Le docteur met de l'avant ce qu'il appelle « une approche de proximité ». Il faut être proche de ces enfants, les côtoyer, les connaître, les accompagner sur le plan médical et psychologique, bref leur offrir tous les services professionnels dont ils ont besoin. L'immensité de la tâche requiert les services d'une équipe de bénévoles qui viennent, eux aussi, soutenir leurs talents, les mener vers une sortie où le succès devra être palpable.

Si les enfants continuent d'émerveiller le Dr Julien, les adultes, eux, lui coupent souvent les ailes. « Les adultes me découragent, mais les enfants m'inspirent », raconte-t-il fréquemment. À tel point qu'il lui arrive de rêver à des enfants qu'il doit secourir en dénonçant leurs piètres conditions de vie. « C'est pour ça que je suis ici. Pour dénoncer, pour créer des outils. »

La réflexion du Dr Julien s'est affinée au fil des années, mais sa révolte, elle, est restée tout aussi intacte. Inconsciemment, nous tenons tout pour acquis, selon lui. Des sommes d'argent considérables ont été investies dans le système de santé, on s'est donné des instruments qu'on croit être les meilleurs au monde, avec la DPJ, les CLSC, entre autres. Alors, on se dit qu'il n'est plus nécessaire de s'occuper des enfants, puisque le gouvernement le fait à notre place. Or, le gouvernement n'est pas « un bon parent » et il ne peut pas les remplacer. Le résultat du travail effectué de bonne foi ne donne pas, bien souvent, les résultats escomptés. Un système basé sur le signalement et la délation n'a certes pas entraîné une plus grande responsabilisation de la population à l'égard des enfants.

Pourtant, cette responsabilisation de la communauté est essentielle, et elle représente la seule clé de succès. On a le choix entre le délateur passif qui s'en lave les mains et qui le fait même parfois par vengeance personnelle ou l'agent d'action qui s'engage pour mieux soutenir les enfants et les familles de son entourage, du « village ». Voilà le rêve du docteur qui n'accepte aucune forme d'exclusion sociale. Plutôt que de punir et de culpabiliser les parents, il préfère travailler avec eux. Si ces derniers s'avèrent impuissants ou incapables de remplir leur pleine fonction de parents, il essaiera de trouver d'autres ressources du milieu sans forcément sortir l'enfant du « village ».

Pour les cas où cela se révèle nécessaire, le Dr Julien rêve, lui, de créer un milieu plus proche des enfants, sans portes closes, où ils pourraient donner libre cours à leur imagination, pas des foyers où ils sont gardés jusqu'à leur majorité, puis lâchés dans la société sans autre préparation. Plusieurs de ces jeunes, lorsqu'ils sortent à dix-huit ans de ces centres d'accueil et de ces foyers, sont complètement perdus, n'ont aucun outil, aucun attachement. Le film du journaliste Paul Arcand *Les Voleurs d'enfance*, auquel il a collaboré, dénonce justement cette incurie des instances bureaucratiques. Ce que le Dr Julien met de l'avant, c'est une philosophie, une façon de voir les enfants dans leur univers propre qui ne peut être réduit à une simple question de « structure ». « Les enfants, eux, comprendraient ça tout de suite », dit-il.

Avec son équipe, il a également développé des outils pour tenter d'éviter la confrontation entre la DPJ et l'enfant, en instaurant un service de médiation afin d'éviter que l'enfant se retrouve automatiquement au Tribunal pour la jeunesse. Deux avocats et un psychologue, tous médiateurs, offrent justement leurs services à la clinique du Dr Julien.

Bien évidemment, le message ne passe pas toujours auprès des intervenants, guère habitués à ce genre de fonctionnement qui remet en question la lourdeur d'un système qui s'est éloigné de ses objectifs premiers : servir l'enfant dans son intérêt global et avec son milieu.

Même constat alarmant en éducation. Un enfant sur trois n'est pas prêt à commencer l'école à cinq ans, selon les données de la Direction de santé publique de Montréal. Pourtant, on continue d'investir surtout chez les plus vieux pour tenter de les maintenir à l'école en vue d'une diplomation, alors que les débutants, eux, tombent rapidement en échec, faute de préparation et de soutien, par carence en adaptation scolaire. On investit en décroissance, ce qui constitue une aberration. C'est en amont du parcours scolaire, dans les toutes premières années du développement de l'enfant, qu'il faut investir massivement.

C'est lorsque l'enfant effectue ses premiers pas dans la vie qu'il faut se préoccuper de lui, lorsque ces jeunes qu'on a laissés tomber, d'une façon ou d'une autre, sont sur le point ou presque d'entrer à l'école. Un enfant sur deux, dans Hochelaga-Maisonneuve, n'est pas prêt pour une entrée réussie à l'école. Et au secondaire et au cégep, il est déjà trop tard, selon le Dr Julien.

Un investissement souhaitable

Comment, en fait, calculer l'impact économique de la pédiatrie sociale ? Quelles sont les économies qu'une société peut se permettre dans ce domaine ? Trop souvent, on oublie l'enfant, qui est le véritable enjeu pour une société, pour ne s'attarder que sur les coûts. « Ce qu'on veut savoir, c'est combien ça coûte si on ne fait rien, et combien ça coûte si on fait quelque chose, suggère le docteur. La vraie question est plus profonde : combien d'enfants se porteront mieux et combien pourront réaliser leur potentiel ? C'est ça, le véritable impact. »

« La réalité, poursuit-il, c'est que le Québec a plongé dans un gouffre financier dont il peine à sortir. » Alors, il sonne l'alarme, car il n'y a plus de retour en arrière possible. Les enfants sont les premiers à en souffrir. Les demandes d'aide sociale ne cessent d'augmenter et la pauvreté gagne du terrain. « Que faire devant tant de nécessités ? » se demande-t-il.

Pourtant, il a démontré à maintes reprises que la communauté n'hésite pas à intervenir et à mettre la main à la pâte. Il a recruté de nombreuses équipes de bénévoles qui sont prêts à venir en aide aux enfants. C'est une des solutions aux problèmes. Les bénévoles vivent à ses côtés des expériences formidables et ils sont nombreux à le remercier d'avoir pu contribuer, même modestement, à améliorer le sort des enfants. Même constat avec les intervenants du réseau de la santé. Ils ont démontré plus d'une fois leur désir de travailler ensemble et d'être plus efficaces tout en mobilisant davantage les communautés. Pour le Dr Julien, il n'y a plus à hésiter, il faut maintenir le cap. « Non seulement nous allons réaliser des économies, mais nous serons encore plus efficaces avec nos enfants. »

Le débat n'est pas nouveau. Le système de santé absorbe près de 50 % du budget national du Québec, mais curieusement la société québécoise refuse d'investir dans son capital le plus précieux, ses enfants. Alors, le gouvernement coupe et coupe. D'un côté, il affirme qu'il faut réinvestir dans notre système, mais, de l'autre côté, il dit qu'il n'en a pas les moyens. Comment faire preuve de créativité dans un tel contexte, alors qu'on ne dispose pas des outils nécessaires ? En 2010, le nombre d'enfants (de zéro à cinq ans) atteignait 508 577 au Québec. Environ 30 % de ces enfants sont considérés comme vulnérables, c'est-à-dire qu'ils n'ont pas les ressources nécessaires pour faire une entrée scolaire réussie. Selon la firme McKinsey & Compagnie, il faudrait établir deux cents centres de PSC au Québec afin de répondre aux besoins de tous ces enfants.

Mais tout n'est pas perdu, pense le Dr Julien, car certains politiciens semblent avoir compris qu'effectivement, si on ne crée pas de nouveaux paradigmes de soins accordés aux enfants, le système de santé sera un lamentable fiasco et la société elle-même se retrouvera plus appauvrie.

Les profondes mutations qu'a connues la société québécoise au cours des cinquante dernières années semblent être à l'origine de la perte de certaines valeurs essentielles, comme l'altruisme ou le sens de la communauté, tandis que d'autres, peu enviables, comme l'individualisme, s'incrustent davantage. Avec l'apparition d'une bourgeoisie francophone, les structures de la société ont été chambardées. La famille n'a pas échappé à ces bouleversements, elle s'est transformée. Toutefois, certaines institutions ont résisté à la vague et agissent toujours comme si le Québec n'avait pas évolué. Alors, on se débarrasse des problèmes en pelletant les enfants dans la cour du voisin.

Une société ne peut fonctionner sur de telles bases. « Les enfants doivent être au centre de la société et ils ne le sont pas actuellement, se scandalise le docteur. En réalité, ils sont en parallèle. Nous croyons à tort que l'État va s'occuper de ceux qui sont laissés pour compte. Mais l'État n'est pas un parent ! »

Que faire, donc ? Continuer dans cette veine ou inventer de nouvelles façons de faire pour récupérer les enfants ? Tel est le rôle que se donnent le Dr Julien et ses équipes : défendre les droits des enfants dans les plus profonds retranchements de l'humanité.

L'avenir

Le développement de la clinique et des soins directs à un nombre de plus en plus grand d'enfants en difficulté a entraîné son lot de stress et de pression, et Gilles Julien espère trouver une nouvelle façon de fonctionner qui accorderait toute la place nécessaire non seulement à sa pratique, mais aussi à la transmission du savoir, sa nouvelle priorité, qui garantira la pérennité de sa clinique.

Depuis quelques mois, les remises en question se multiplient. La retraite est toujours un projet lointain, remis sans cesse à plus tard, même si le docteur a atteint l'âge où il pourrait se retirer sans trop de problèmes. Mais c'est sur la pérennité de son œuvre que cet émule du Dr Schweitzer concentre maintenant son énergie.

Après toutes ces années à ramer à contre-courant, le Dr Julien sent le besoin de retrouver un peu de calme. La sculpture lui offre un extraordinaire moyen d'évasion. Il a installé un atelier dans l'ancien chalet du père de sa conjointe, à la campagne, et il s'y rend toutes les fins de semaine ou presque. Cette activité lui procure un immense bien-être et lui permet de se ressourcer. En ville, dans sa clinique, les émotions surgissent de tous les côtés. Il ressent toujours cette urgence de trouver rapidement une solution face à un nouveau problème, de mobiliser toutes ses équipes à cet effet. À la fin de la journée, il est épuisé, surtout que les journées sont longues et les nuits plutôt courtes. Car dormir pour lui est une perte de temps, et perdre son temps lui semble indécent dans de telles circonstances.

Le sport, si nécessaire à son équilibre, trouve malheureusement de moins en moins de place dans son horaire. Pourtant, auparavant, il pouvait rouler à vélo jusqu'à deux cents kilomètres par jour. Quand ce n'était pas le vélo, c'était le patin. Il pouvait partir pendant une heure et plus sans s'arrêter. Ces exercices le gardaient en forme physiquement et lui permettaient d'évacuer ainsi ses frustrations. Mais aujourd'hui, la situation a changé, et ses énergies sont drainées par toutes sortes de tracasseries administratives. Il est aussi préoccupé par ce qu'il veut léguer lorsqu'il prendra inévitablement sa retraite.

Ce modèle innovateur qu'il a mis en place au cours des deux dernières décennies doit demeurer, coûte que coûte. Et il ne suffit pas que le gouvernement augmente sa part de subventions pour régler les problèmes de fonctionnement de la clinique. Cette aide pourrait nuire à la créativité nécessaire à la pédiatrie sociale, qui exige la participation entière du milieu. Il faut donc rester vigilant !

Alors, la sculpture a remplacé le sport, mais elle exige tout autant que les exercices physiques. En créant avec ses mains, en transformant ce matériau premier qu'est la pierre, il se donne complètement. Cette activité lui sert d'exutoire et lui procure une sérénité bienfaisante. Allier la science et l'art, voilà un autre rêve du Dr Julien.

La pérennité

« Pérennité. » Le mot revient de plus en plus souvent dans le discours du Dr Julien. À l'âge où certains coulent déjà une retraite paisible, ce dernier s'affaire à passer le flambeau. Et elle est bien là, la relève. Les manches retroussées, prête à continuer à défricher, à éduquer, à se révolter comme lui. Elle est portée par de jeunes médecins de famille et de jeunes pédiatres, des travailleuses sociales, des infirmières et plusieurs autres intervenants qui ont su s'entourer de bénévoles et qui œuvrent dans des communautés défavorisées à travers le Québec et ailleurs au Canada.

Chacun apporte son bagage personnel, de même que chaque quartier a sa personnalité propre. Le Dr Julien se garde bien de vouloir imposer un modèle unique de pédiatrie sociale en communauté. Il faut tenir compte de l'environnement et du milieu social et il le sait fort bien. Ce qui lui importe avant tout, c'est le respect de la pratique de PSC, sur laquelle se base sa philosophie d'intervention. Ça, c'est unique et personne ne pourra le faire changer d'idée.

Aujourd'hui, la Fondation du Dr Julien collabore avec de nombreux partenaires pour favoriser le développement de ces centres au pays. En 2011, on compte douze centres de PSC établis au Québec et trois centres dans le reste du Canada. Plusieurs autres communautés désirent reproduire le modèle de PSC et font appel à la Fondation du Dr Julien pour les appuyer dans leurs démarches. Depuis 2005, la Fondation met à profit l'expertise clinique et les techniques acquises par les centres piliers, l'AED et le CSPE, en offrant aux équipes multidisciplinaires une formation professionnelle continue. Cette formation s'étend également aux étudiants universitaires, aux parents et à la communauté.

Côte-des-Neiges

Au début des années 2000, le Dr Julien caresse un autre projet. Il veut prouver que son modèle de pédiatrie sociale, dans le quartier Hochelaga-Maisonneuve, peut s'appliquer à un milieu multiethnique. À cette époque, il travaille aussi au CLSC Côte-des-Neiges où il a mis sur pied avec une orthophoniste du milieu scolaire le Projet Écoles et Milieux en Santé (PEMS).

Il propose alors à André Chagnon de visiter quelques écoles primaires du quartier Côte-des-Neiges pour le convaincre de lui apporter un soutien financier. Le mécène découvre un univers qu'il ne soupçonnait pas. Des centaines de jeunes Néo-Québécois parlent français comme s'il s'agissait de Québécois pure laine et ils servent d'interprètes à la société qui les entoure et à leurs parents venus d'ailleurs pour toutes sortes de raisons. Certains peuvent même interpréter des chansons de Gilles Vigneault. M. Chagnon se laissera convaincre rapidement.

En 2003, le Centre de services préventifs à l'enfance (CSPE) ouvre ses portes en partenariat avec le CLSC Côte-des-Neiges, quatre écoles du regroupement I de la CSDM et le Centre communautaire de loisirs de Côte-des-Neiges. C'est le début d'une nouvelle entité qui deviendra le deuxième centre de pédiatrie sociale de la Fondation du Dr Julien.

Il vise principalement les jeunes de douze ans et moins des zones les plus à risque du quartier Côte-des-Neiges avec le même type d'approche que celui développé dans Hochelaga-Maisonneuve. Le territoire, très étendu, va de Décarie à Darlington, entre Jean-Talon et Queen-Mary, avec un petit crochet du côté de Mountain Sights (métro Namur). La priorité est donnée aux familles les plus vulnérables, celles du bas de la côte, au nord de Van Horne.

En 2012, son équipe compte trois pédiatres hospitaliers qui donnent quelques heures par mois, une psychoéducatrice, trois éducatrices, deux art-thérapeutes à temps partiel, une secrétaire à l'accueil, une travailleuse sociale qui est également chargée de la coordination et une adjointe au développement et à la gestion de projets ainsi qu'une adjointe administrative. Une orthophoniste mise à disposition par le regroupement scolaire permet d'assurer le lien avec les écoles du quartier dans la continuité du PEMS. Le Dr Julien y assure la permanence clinique.

La bâtisse ressemble à n'importe quel édifice à bureaux du quartier. Mais si le couloir qui mène aux locaux peut paraître un peu froid, l'impression se dissipe sitôt la porte du centre franchie. Même si l'atmosphère s'avère totalement différente de celle de l'AED, le visiteur a le même sentiment d'arriver chez un membre de sa famille. Le sourire est sur toutes les lèvres. Près des divans et des fauteuils, des jouets sont à la disposition des petits. Des photos et des dessins d'enfants décorent les murs des locaux.

Le profil des familles qui fréquentent la clinique diffère beaucoup de celui de la clinique d'Hochelaga-Maisonneuve. Elles proviennent d'une multitude de pays. Parfois, les deux parents ne sont pas originaires du même pays et ils ne parlent pas la même langue. Certaines viennent tout juste d'arriver au Québec, dans d'autres cas, les enfants sont nés ici. Certains parents avaient reçu une éducation supérieure dans leur pays, mais ils se retrouvent ici avec des emplois précaires, qui ne correspondent pas à leur niveau de scolarité. Plusieurs ont sacrifié un certain statut pour venir s'établir au Québec afin d'offrir une vie meilleure et plus sécuritaire à leurs enfants. C'est un scénario qui revient fréquemment chez les utilisateurs de la clinique.

En règle générale, l'amélioration du sort des enfants est au cœur du projet migratoire. Mais élever des enfants dans un contexte totalement différent de celui qu'ont connu leurs parents n'est pas une mince tâche. L'immigrant n'a pas de famille élargie et il ne peut élever ses enfants selon sa tradition. L'apprentissage est long et parfois difficile.

Au-delà des croyances et des religions, la fierté constitue parfois une embûche. Les gens dans le besoin ne perdent pas leur dignité pour autant. Ils ne vont pas affirmer d'emblée qu'ils ont un problème d'argent même s'ils n'ont rien à manger dans le réfrigérateur. Il faut donc les apprivoiser pendant un certain temps avant de connaître leurs besoins. Ils sont d'autant plus méfiants envers le système et les organismes autoritaires comme la DPJ que plusieurs d'entre eux ont vécu dans des États policiers. Au fil des années, le Dr Julien et son équipe ont tissé des liens avec plusieurs familles.

Maéva fait partie des enfants qu'il suit depuis leur naissance. Un jour, une dame assez âgée, originaire d'Haïti, l'a approché et lui a raconté que sa fille, une itinérante toxicomane, venait d'avoir un bébé. « Si tu ne prends pas le bébé, il disparaît », lui a-t-elle dit. Elle était sans ressources. Le docteur lui a alors répondu qu'il allait l'aider, y compris dans les dédales de l'administration gouvernementale. Et c'est ce qu'il a fait. Le docteur s'est attaché à cette enfant comme à des centaines d'autres, qui lui sont aujourd'hui reconnaissants.

La Fondation du Dr Julien

En 2005, la Fondation pour la promotion de la pédiatrie sociale (FPPS) voit le jour. Ses principaux objectifs sont le transfert des connaissances pour assurer la pérennité de la pratique de la PSC et la recherche d'investissements à long terme pour soutenir la mission du Dr Julien.

Si, au départ, le médecin n'est pas chaud à l'idée de donner son nom à l'organisme, il doit se rendre à l'évidence qu'il est beaucoup plus simple pour tout le monde de fonctionner sous cette appellation. En 2009, la FPPS devient officiellement la Fondation du Dr Julien.

La même année, l'Université McGill et l'Université de Montréal appuient la formation que donne le Dr Julien aux résidents, en reconnaissant l'AED et le CSPE comme centres d'expertise et de formation universitaire.

En 2010, la Fondation du Dr Julien (FDJ) décide d'administrer les fonds des deux premiers centres de pédiatrie sociale en communauté pour faciliter leur développement. Elle chapeaute maintenant un réseau de formation continue, universitaire et promotionnelle, tout en appuyant l'émergence de centres de PSC et en encourageant la pratique de défense des droits des enfants à travers son volet Alliance droit santé. Comme on peut le constater, les outils à développer sont fort nombreux.

Les exemples de l'AED et du CSPE ont démontré le potentiel de l'approche de pédiatrie sociale en communauté. C'est pourquoi le soutien au développement de nouveaux centres est au cœur des préoccupations du Dr Julien. Plusieurs communautés s'adressent maintenant à lui pour qu'il les appuie dans la création de leur propre centre. « C'est avec ce mouvement toujours croissant qu'on arrivera à changer le Québec », conclut le Dr Julien.

Omniprésent au cours des dernières années afin de transmettre son message au plus grand nombre possible, le Dr Julien délègue aujourd'hui volontiers quand la situation s'y prête. D'autres praticiens en pédiatrie sociale (médecins, travailleurs sociaux, psychoéducateurs, avocats-médiateurs et autres intervenants) travaillent en étroite collaboration avec lui et donnent maintenant des conférences sur la pédiatrie sociale en communauté. « Ce sera de moins en moins moi qui serai à l'avant-plan », affirme-t-il.

Il s'inquiète cependant de l'avenir des deux premiers centres, qui sont toujours très vulnérables sur le plan financier. Si le médecin décédait demain matin accidentellement, qui serait en mesure de le remplacer pour amasser les fonds nécessaires ? Qui pourra récolter un million comme il l'a déjà fait ? « Il y a un danger à m'utiliser ainsi pour aller chercher le financement », admet le Dr Julien.

Il admet également que s'il disparaissait subitement, l'organisation qu'il a mise sur pied serait immanquablement en danger. Heureusement que la pratique de la pédiatrie sociale commence à être acceptée de plus en plus. Tous les médecins, résidents, stagiaires et autres personnels qui étudient à ses côtés viennent chercher, dans la clinique, une matière première qu'ils transforment – normalement pour le mieux – et qui assure d'une façon ou d'une autre la pérennité de sa pratique auprès des enfants fragilisés, pratique qui peut même s'appliquer à d'autres populations vulnérables comme les personnes âgées. Sans cesse, on l'encourage à ouvrir d'autres « succursales » semblables à la sienne. Mais ce n'est pas ce que veut le Dr Julien : « Une succursale de ce genre ne contribuerait pas à enrichir la société. » Ce qu'il veut mettre en place, c'est un processus, un mouvement qui se bonifie sans cesse avec de nouvelles façons de faire, car la pratique de la médecine ne peut se permettre le luxe d'être statique.

Les nouveaux centres de pédiatrie sociale sont tous autonomes. Une partie des subventions recueillies par la Fondation sert, en fait, à appuyer les nouveaux centres afin d'assurer le transfert des connaissances. Car, dans ce domaine, l'intuition ne suffit pas et les thérapeutes doivent être accompagnés dans leur pratique afin qu'ils puissent bien saisir l'approche générale de la pédiatrie sociale.

La Fondation s'est assigné des tâches bien précises. Outre les campagnes de financement qui permettent de remplir sa mission, elle appuie les nouveaux centres ou les nouvelles équipes en leur transmettant les savoirs acquis au cours de toutes ces années. La Fondation a aussi un rôle d'*advocacy*, c'est-à-dire de défense des droits des enfants. Elle joue donc un rôle social en diffusant son savoir-faire. Elle permet, finalement, à chaque enfant de réaliser son plein potentiel dans le respect de ses droits fondamentaux.

Il est important, voire primordial, que la population participe au projet pour que la Fondation puisse atteindre ses objectifs. Selon le Dr Julien, les fonds provenant de l'appui populaire doivent représenter approximativement un tiers du financement nécessaire. La population du quartier est appelée à appuyer le travail de la clinique, soit en effectuant du bénévolat, soit en contribuant financièrement. Ainsi, tout le monde doit se sentir engagé dans ces tâches qui visent à améliorer le sort des enfants en difficulté, et cette mobilisation populaire fait partie de la philosophie de la pédiatrie sociale. Le milieu s'approprie ce qu'il juge nécessaire pour le bien de ses enfants, afin de mieux l'influencer et le parrainer. « Sans cette mobilisation, il manque une pièce au casse-tête. On n'est pas dans la philosophie de la pédiatrie sociale », assure le Dr Julien.

Pourquoi ne pas demander un plus grand financement de la part de l'État ? Tout simplement parce ce n'est pas le modèle de financement que le Dr Julien préconise, afin de pouvoir conserver sa pleine autonomie, sa créativité et sa flexibilité. Chacun a un rôle bien précis à jouer pour que la pratique de la pédiatrie sociale en communauté soit fructueuse.

Il n'empêche que, le 19 janvier 2012, le ministère de la Santé et des Services sociaux du Québec annonçait que le gouvernement prolongeait l'entente pour le financement de la Fondation du Dr Julien, en versant un million de dollars par année jusqu'au 31 décembre 2015. Le Dr Julien y voit « une reconnaissance claire du travail clinique novateur que nous effectuons auprès d'une clientèle d'enfants vulnérables souvent laissés pour compte, en dépit de leurs droits fondamentaux. L'implication du gouvernement est un signe de confiance nécessaire à l'évolution de l'approche de pédiatrie sociale en communauté pour tous les enfants du Québec ».

En effet, le docteur a réussi à développer un modèle novateur qui peut évoluer, si nécessaire, et se transformer, lorsqu'il ne remplit plus son rôle. C'est une des règles de base du fonctionnement de la clinique : demeurer créatif en tout temps pour s'adapter à chaque enfant dans le besoin. Voilà la vraie nature de la pédiatrie sociale en communauté.

Le Garage à musique

En 2008, des données préoccupantes sur la maturité scolaire des enfants montréalais[9] poussent Hélène (Sioui) Trudel à aller plus loin dans ses démarches afin de mettre en œuvre la Convention relative aux droits de l'enfant. Elle définit le projet du Garage à musique en s'inspirant des programmes *El Sistema*, né au Venezuela, et *Music Garage*, présent à Boston et à New York. Elle combine alors l'approche de pédiatrie sociale en communauté, propre au Dr Julien, l'accompagnement scolaire adapté aux besoins de l'enfant et la pratique collective de la musique. Ainsi, le Garage à musique pourra contribuer au développement optimal des jeunes issus d'un milieu défavorisé, dans le respect de leurs droits fondamentaux.

Hélène part ensuite à la recherche de financement. Elle obtiendra un soutien du Centre national de prévention du crime, sur cinq ans.

En février 2009, elle invite Louis Bellemare, le fondateur de l'école de percussion Samajam, de même que Gérald Bélanger, le directeur de l'école primaire Saint-Nom-de-Jésus, pour leur présenter son projet. Puis, une fois qu'elle a trouvé les fonds nécessaires pour couvrir une partie des frais des cours de musique, elle lance son projet pilote en avril, avec l'aval de tous les enseignants de l'école primaire.

Dans un premier temps, la démarche d'Hélène permet à tous les élèves de l'école primaire Saint-Nom-de-Jésus, sans exception, de recevoir des cours de djembé

9. *Enquête sur la maturité scolaire des enfants montréalais*, Agence de la santé et des services sociaux de Montréal, 2006.

à l'école de percussion Samajam, de façon régulière. Les résultats ne se font pas attendre. Pour le directeur Gérald Bélanger, « l'atmosphère a rapidement changé dans l'école. Tout le monde s'est mobilisé, autant les élèves que les enseignants ».

Hélène réalise alors qu'elle est sur la bonne voie et qu'il est temps d'élargir l'expérience. Avec l'appui du Dr Nicolas Steinmetz, Hélène se met à la recherche de nouvelles sources de financement pour offrir aux élèves des cours de musique pendant toute l'année scolaire. Survient alors un heureux événement. Dans le cadre d'un concours organisé par Loto-Québec, avec la participation de l'Orchestre symphonique de Montréal, le maestro Kent Nagano choisit le Garage à musique comme organisme récipiendaire d'un don de 5 000 dollars. La contribution de Loto-Québec servira à défrayer une partie des coûts associés aux leçons de musique.

Aujourd'hui, grâce à l'appui de nombreux partenaires, le Garage à musique accueille plus de trois cents enfants et jeunes du quartier Hochelaga-Maisonneuve. Ils sont âgés de zéro à vingt ans, puisque l'initiation à la musique commence dès la maternité, ou plus précisément dès que l'enfant est en mesure de percevoir les sons et les rythmes dans le ventre de sa mère.

Pour le Dr Julien, le Garage à musique est élaboré dans le but de promouvoir l'engagement social des enfants et des jeunes en situation de vulnérabilité, en mettant en place un éventail de services et de soins pour répondre à leurs besoins et intérêts : « C'est un modèle pédagogique prometteur qui stimule le développement cognitif et la motivation d'apprendre des enfants issus de milieux défavorisés. »

Considérant qu'un enfant sur deux n'a pas les outils nécessaires pour une entrée scolaire réussie, le Garage à musique ajoute un accompagnement scolaire adapté à leurs besoins. Il invite les jeunes à joindre un orchestre ou un *band* plutôt qu'un gang de rue !

Les nouveaux centres

Il suffit de côtoyer brièvement le Dr Samuel Harper pour comprendre pourquoi le Dr Julien voit en lui l'un de ses successeurs. Avec ses airs d'éternel adolescent et son franc-parler, l'homme semble animé de la même fougue et du même désir de faire bouger les choses que son mentor.

Le jeune médecin ne cherche pas la facilité ni les chemins balisés. Déjà, à l'école de médecine, raconte-t-il, il ressortait du lot. Il préférait manger chez Pops [le père Emmett Johns, fondateur de l'organisme Dans la rue] plutôt qu'avec ses collègues à la cafétéria universitaire. Ses premiers amis étaient des jeunes de la rue. Et il préférait assister aux shows punks que de fréquenter les *partys* de médecine.

Il garde un souvenir amer de ses cours de pédiatrie. Il n'a pas apprécié son stage, qu'il a assimilé à de la médecine vétérinaire. On lui enseignait qu'il était préférable de parler aux parents de l'enfant plutôt qu'à l'enfant lui-même. « Tu examines l'enfant puis tu t'en vas. »

Samuel Harper est médecin de famille au CLSC du Centre-Sud lorsqu'il entend parler de la possibilité de faire le virage social. À cette époque, il compte de plus en plus d'enfants comme patients, le plus souvent ceux des femmes dont il a suivi la grossesse. Certains cas le touchent plus particulièrement. Il se sent souvent bien impuissant face à leur sort. Aussi, il se répète sans cesse qu'il pourrait faire beaucoup plus pour ces enfants-là.

À la même époque, il soigne des itinérants. Les mêmes questions l'assaillent. Semaine après semaine, il est appelé à côtoyer des patients adultes qui ont presque tous été malmenés alors qu'ils étaient enfants. Leurs vies se résument souvent à des histoires d'horreur. Il a l'impression que ce patient qu'il a devant lui, pourtant encore jeune, vit dans la rue et boit depuis dix ans. Et il se dit: « Si j'avais été là au moment où il avait dix ans, il ne se serait sûrement pas fait battre et agresser, et il n'en serait peut-être pas là aujourd'hui. Le problème, continue-t-il, c'est que nous ne mettons pas nos énergies à la bonne place. Nous pouvons certainement faire les choses différemment. »

Le docteur Harper se questionne alors sur son avenir. Va-t-il retourner à l'université pour faire une maîtrise? Ou encore poser sa candidature auprès de l'organisme Médecins du monde et partir, comme l'a fait également le Dr Julien, plusieurs années auparavant? Une chose demeure: il a un urgent besoin de changer d'air. Et le sentiment d'impuissance le ronge. Il est assailli par un grand nombre de problèmes de tous ordres et il se sent impuissant. En 2009, il assiste à une séance d'information du Dr Julien, qui tente de recruter de nouveaux médecins dans son équipe. Dès l'ouverture du CPSC du Centre-Sud, dans des locaux prêtés par l'école Champlain, il décide de consacrer une journée par semaine à la clinique. Puis à partir de juillet 2011, ce seront deux jours par semaine. Il en fait alors son centre de pédiatrie sociale et il en est très fier, tout comme les autres membres de son équipe.

La pratique de la pédiatrie qu'il découvre dans la clinique du Dr Julien n'a rien à voir avec ce qu'il a appris à l'université. Jusqu'à maintenant, il utilisait les bonnes vieilles méthodes, où, pour procéder à un examen des oreilles, par exemple, il faut étendre l'enfant sur le dos, demander au parent de lui tenir les deux bras le long du corps et, idéalement, de se coucher sur ses jambes pour que l'enfant ne puisse pas bouger. De son côté, le médecin lui tient la tête, pour que ce soit sécuritaire. Pendant tout ce temps, l'enfant hurle. À l'urgence, après huit heures d'attente, on n'a pas vraiment le temps de parler à l'enfant pour le mettre en confiance.

C'est une tout autre approche qu'il découvre avec la pédiatrie sociale du Dr Julien. Il apprend à apprivoiser l'enfant dès le début de la consultation en jouant avec lui, tout en lui accordant l'attention dont il a besoin. Il remarque d'ailleurs que lorsque le Dr Julien est en consultation, la première personne à qui il dit bonjour, c'est l'enfant et non le parent. Les parents sont souvent surpris, voire frustrés de cette attitude. Mais, comme le fait remarquer à juste titre le Dr Julien, « le rendez-vous, c'est celui de l'enfant ».

L'environnement de la clinique joue un rôle important dans son fonctionnement. Même si le centre de pédiatrie sociale Centre-Sud est bien différent de ceux d'Hochelaga-Maisonneuve et de Côte-des-Neiges, certains éléments demeurent les mêmes. Dans le bureau du médecin, il a installé une table autour de laquelle parents et enfants prennent place. Des jouets sont aussi à la disposition des tout-petits. Nous sommes loin du cabinet de médecin classique.

L'idée d'installer une table n'était pas évidente au début. Mais, autour d'une table, les gens se sentent toujours plus à l'aise et le médecin peut ainsi obtenir des confidences plus facilement. Parfois, une seule phrase prononcée par l'enfant durant la rencontre va en dire davantage que tout ce que peut raconter le parent.

Le Dr Harper ne pense pas qu'il faille installer une distance thérapeutique entre le consultant et le consulté. L'image du « grand docteur » qui en impose, il n'y croit pas. « Un médecin doit se mettre au même niveau que ses patients », confie-t-il.

La grande force de la pédiatrie sociale en communauté réside dans la possibilité de mettre en place des solutions concrètes, très rapidement. Le CPSC du Centre-Sud a, par exemple, trouvé en un rien de temps le financement nécessaire à l'embauche d'une art-thérapeute.

Le Dr Harper adopte donc, lui aussi, une conception de la médecine familiale différente de la médecine traditionnelle, à l'image de celle du Dr Julien. Sans dédaigner les aspects scientifiques – symptômes, organes, maladies –, la pédiatrie sociale tient toujours compte du contexte. Le CPSC du Centre-Sud est installé dans un quartier où la pauvreté sévit depuis des générations et personne ne semble en mesure de s'en sortir. Ces inégalités sociales, cette discrimination jouent inévitablement sur la santé de la population, les statistiques officielles d'ailleurs le prouvent.

Si, auparavant, les enfants faisaient moins l'objet d'attentions médicales, aujourd'hui, les choses ont beaucoup changé. Les enfants sont examinés de plus près et on leur découvre de nouvelles maladies, comme les troubles d'attention. Les problèmes propres à l'enfance sont de plus en plus médicalisés. Ainsi, les parents le consultent davantage, tout simplement parce que l'école exige bien souvent que leur enfant soit médicamenté pour corriger des problèmes d'hyperactivité.

Depuis qu'il a effectué ses premiers pas dans l'univers de la pédiatrie sociale, le Dr Harper a découvert un microcosme où se concentre toute la misère humaine, avec des enfants blessés aux prises avec des problèmes multiples, même si ça ne saute pas aux yeux à première vue. Bien souvent, ces enfants semblent déjà des adultes, tant la vie ne les a pas épargnés, malgré leur jeune âge. « À neuf, dix ans, ils me semblent déjà de petits adultes. C'est ce qui m'a frappé. La résilience du monde », raconte-t-il.

Les plus jeunes souffrent fréquemment de retard de développement et de langage, remarque-t-il, et pour obtenir un rendez-vous avec un orthophoniste, il faut s'y prendre longtemps d'avance. Chez les plus vieux, le médecin est confronté à d'autres types de problèmes. Les cas d'abus sexuels, d'hyperactivité, de violence, de dépression sont nombreux.

Le Dr Harper ne croit pas qu'il faille automatiquement blâmer les parents et il se méfie des jugements hâtifs, surtout envers les femmes qui connaissent des problèmes de consommation ou encore les femmes junkies.

Il se souvient d'histoires merveilleuses qui donnent envie de croire que tout est encore possible. Ainsi, une future mère, qui a vécu dans la rue pendant la majeure partie de sa grossesse tout en continuant à s'injecter sa dose quotidienne, a connu un accouchement sans problème. Elle devait rencontrer le Dr Harper pour un suivi de grossesse, mais elle a accouché deux jours avant le rendez-vous. L'anecdote fait sourire le médecin. Tous, dans son entourage, lui avaient parlé d'elle, les travailleurs sociaux, la DPJ, etc. Quelques jours après l'accouchement, elle a lancé au docteur : « Je vais enfin pouvoir appeler mes parents pour leur dire que j'ai réussi quelque chose de bien dans ma vie. » Il a failli pleurer.

La jeune femme et son conjoint ont maintenant un logement. Des gens qui changent ainsi complètement de vie, le docteur en voit fréquemment, suffisamment pour lui donner le goût de continuer.

Il évoque la résilience des familles vulnérables. Au-delà de l'empathie, il ressent une certaine forme d'admiration pour elles. Tout comme pour le Dr Julien, la colère n'est jamais bien loin, cependant. Il s'emporte en parlant des mères junkies, qu'on condamne d'office. Le jugement d'autrui le met aussi hors de ses gonds. Ceux qui portent de tels jugements ne réussiraient pas, selon lui, à surmonter les antécédents de violence et d'abus sexuels que ces gens ont vécus.

La Dre Nicole Audet semble, elle, perpétuellement sortir d'une boîte à surprises. Pas étonnant qu'elle ait choisi la pédiatrie : avec ses cheveux en spirales et ses grands yeux rieurs, elle ressemble à un personnage de conte pour enfants. Ça tombe bien : elle en écrit aussi. Elle est née, raconte-t-elle d'emblée, avec un stéthoscope dans la main et un crayon dans l'autre. Pour elle aussi, la créativité est primordiale.

Depuis novembre 2010, cette professeure et médecin à la Cité-de-la-Santé de Laval a grossi les rangs de la relève du Dr Julien. Cet engagement n'est pas le fruit du hasard pour cette femme qui a commencé sa carrière à Rouyn-Noranda, où elle a notamment œuvré auprès des enfants autistes, handicapés et aux prises avec de sérieux problèmes de comportement.

Lasse d'être seule dans son bureau à soigner ses patients, elle a eu envie d'un réel travail de collaboration avec d'autres professionnels. La pédiatrie sociale s'est imposée, après une rencontre avec le Dr Julien lors d'un gala-bénéfice organisé par l'Association des médecins de langue française du Canada (maintenant connue sous Médecins francophones du Canada). Elle a d'abord refusé lorsque le docteur lui a proposé de venir travailler à Montréal-Nord. Elle voulait attendre l'ouverture du centre de Laval. Puis, elle s'est dit que le train ne repasserait peut-être pas deux fois et elle a accepté son invitation.

Instauré en 2009 par Monique Desrosiers, la directrice de l'école primaire Adélard-Desrosiers, le centre de pédiatrie sociale de Montréal-Nord répond à des besoins criants dans ce quartier. Selon le CSSS d'Ahuntsic et de Montréal-Nord (comme le rapportait *Le Guide Montréal-Nord*, en août 2010), 35,6 % des familles du secteur nord-est vivent sous le seuil de la pauvreté, soit plus que le double de la proportion montréalaise qui est de 16,6 %, et près d'une personne sur trois est née à l'extérieur du Canada.

La pauvreté est telle qu'il arrive que certains parents passent pour négligents alors qu'ils n'ont tout simplement pas les moyens d'acheter une poussette ou un habit de neige. Selon la travailleuse sociale Manon Rioux, ce qu'on définit comme de la « non-volonté » n'est bien souvent qu'une absence de moyens.

Des histoires invraisemblables, Monique Desrosiers en a des dizaines à raconter. Ainsi, elle a déjà vu un réseau de prostitution juvénile sévir dans une école primaire. Elle se souvient également de ce garçon dont le frère aîné, membre d'un gang de rue, rentrait tous les soirs dans la maison familiale avec un fusil.

« La pédiatrie sociale, c'est se préoccuper du développement intégral de l'enfant dans sa collectivité, résume Mme Desrosiers. Mais elle ne doit jamais culpabiliser les parents », enchaîne Manon Rioux.

Pour la Dre Audet, les symptômes de la maladie, chez les enfants, ne sont pas toujours visibles. Il arrive pourtant que ceux-ci souffrent de dépression, de désespoir sans que cela soit apparent. Ces jeunes, bien souvent, veulent communiquer avec leurs parents, mais ils ne savent pas comment le faire, ce qui ajoute à leur drame.

Pour Nicole Audet, il ne fait aucun doute que le modèle développé par le Dr Julien pourrait aussi s'appliquer dans des quartiers mieux nantis, où l'on trouve également des enfants démunis. Dans certains milieux plus riches, la vulnérabilité est mieux enrobée, mais elle n'existe pas moins. Les tâches sont donc nombreuses et multiples pour ce médecin, que ce soit à Montréal-Nord ou à Laval, où elle participe également à la clinique qui a vu le jour au printemps 2011.

À Lévis, à la fin de 2010, un autre centre a ouvert ses portes. C'est ici que se rejoignent le passé, le présent et l'avenir du Dr Gilles Julien. Il y a débuté sa carrière dans les années 1970, puis il a convaincu sa fille Maude d'y implanter la pédiatrie sociale.

Infirmière et mère de quatre enfants qui ne fréquentent pas encore l'école, cette femme dynamique semble parfaitement à l'aise dans ses multiples rôles. Comme son père, elle a une soif d'apprendre, le goût du défi et elle se révolte face à l'injustice.

Elle a adoré travailler en obstétrique. Puis, on lui a proposé de faire de la recherche clinique. Après plusieurs mois d'hésitation, elle a accepté. Mais quelques années plus tard, après des expériences désagréables face au sens de cette recherche et ce qu'elle considère comme les véritables enjeux, elle mijote l'idée de plonger dans l'expérience de la pédiatrie sociale sur les traces de son père.

Lors de son premier congé de maternité, en 2007, elle vit une profonde remise en question professionnelle. Le projet de son père de développer un centre de pédiatrie sociale dans la région de Québec, qu'elle pourrait diriger, commence à lui plaire.

L'année suivante, alors qu'elle entame son deuxième congé de maternité, elle commence à travailler concrètement sur le projet. L'envie de relever un nouveau défi la stimule. Le choix s'arrête sur Lévis, où une directrice d'école a manifesté son désir de voir s'installer un centre de pédiatrie sociale.

Maude n'a jamais craint l'effort. Avant d'avoir des enfants, elle travaillait sans compter ses heures. Depuis qu'elle est mère, elle n'a pas hésité à s'investir dans des projets tous plus accaparants les uns que les autres.

Enceinte de son troisième enfant, elle prend possession du local du quartier Lauzon en compagnie du

Dr André Rousseau, pédiatre à l'Hôpital de Lévis. Aidée par de nombreux bénévoles, dont son conjoint, elle peint les murs et aménage les locaux tout en organisant l'ouverture officielle… et la première Guignolée du centre. Tout s'est très bien déroulé, comme il fallait s'y attendre d'une personne aussi engagée et déterminée.

Actuellement, elle combine les fonctions d'infirmière et de directrice. Les premiers patients ont été vus en mars 2009, à domicile ou dans les écoles. Le Dr Rousseau consacre actuellement une journée par deux semaines aux consultations. Mais comme Maude souhaite que le centre puisse répondre aux besoins de plus en plus pressants de la population du quartier, elle a trouvé un deuxième médecin et une travailleuse sociale pour l'accompagner. Les résidents du quartier comptent plusieurs points communs avec ceux d'Hochelaga. La densité de la population est moindre, mais les problèmes sont les mêmes : toxicomanie, violence, abus, négligence des parents, problèmes de comportement, troubles d'attachement… On y trouve également quelques familles immigrantes.

Très marquée par la parenthèse africaine de sa famille alors qu'elle n'avait que huit ans, Maude constate aujourd'hui que ce séjour ainsi que ceux qui ont suivi ailleurs dans le monde lui ont beaucoup appris. « L'Afrique m'a apporté l'ouverture sur le monde. Voir des enfants heureux dans une maison faite de paille m'a marquée. Nous n'avions ni télévision ni téléphone. » .

Elle réalise que le fait d'avoir une grosse maison, quinze télés et deux grosses voitures devant la porte ne procure pas le bonheur. Elle le trouve ailleurs, ce bonheur, dans une chose aussi simple que le sourire d'un enfant, par exemple.

Maude fait le même constat que son père. La société dans laquelle elle vit est des plus individualistes, tandis qu'en Afrique, les gens vivent en famille, en communauté, et tout le monde s'occupe de tout le monde. « Ici, dit-elle, on ne sait même pas ce que font nos cousins et nos cousines, la notion d'entraide est inexistante, et il vaut mieux ne pas poser trop de questions. »

Maude a l'intention de poursuivre l'œuvre de son père. Le travail auprès des enfants qui ont besoin d'elle donne un autre sens à sa vie et lui permet d'oublier les longues heures passées à travailler. Mais elle reconnaît qu'il faut savoir couper les liens, une fois que la porte de la clinique est franchie. Elle a des enfants à qui elle veut donner le meilleur. Il n'est donc pas question de ramener les problèmes des autres enfants à la maison, d'où cette nécessité de prendre du recul, après les heures de travail.

Travailler dans la ville où elle a grandi comporte son lot d'avantages. À l'époque de ses études, elle a travaillé dans les commerces du coin et elle possédait un large réseau de connaissances et d'amis. La population de Lévis lui est donc familière. Elle n'a nullement besoin de jouer sur le nom de son père pour qu'on lui ouvre les portes.

Ses parents lui ont enseigné très tôt le sens des responsabilités. À treize ans, elle mettait la main à la pâte et ramassait des fraises avec d'autres jeunes de son âge. De petits boulots en petits boulots, elle a pu ainsi payer ses études universitaires et sa première voiture. Et elle a appris très tôt à aider ceux que la société n'a pas choyés et qui n'ont rien dans la vie. Refaire le monde n'était pas un vain mot pour elle. En cela, la population de Lévis, reconnaissante, lui apporte le réconfort nécessaire pour continuer et aller de l'avant.

Conclusion

La Ruelle qui se trouve derrière l'AED grouille de monde à l'occasion de son ouverture officielle. Pendant tout l'été, les enfants pourront y faire de la danse, des ateliers de boîtes à savon, des arts plastiques, de l'art dramatique et des pique-niques. Des ateliers de gestion du stress, de cuisine et de jardinage sont également inscrits au programme.

L'année précédente, les coupures financières avaient forcé l'équipe à réduire la programmation au minimum. Aujourd'hui, la fête porte donc aussi l'espoir d'un avenir meilleur.

Dans un coin, des enfants dessinent sur de petites tables installées pour l'occasion. Une fillette trace deux soleils. Une autre imagine sa famille à grands coups de crayon. À deux pas, des adolescents peignent une murale. Par terre, des jeux de marelle et de tic-tac-toe à demi effacés portent à croire que certains ont pris possession des lieux plus tôt que les autres.

Plus loin, des tout-petits font des tours de poney, pendant que parents et enfants font la queue pour obtenir un gobelet de pop-corn et se faire maquiller.

Dans une ruelle transversale, six garçons âgés environ de sept à onze ans ont chaussé des patins à roues alignées et empoigné un bâton de hockey. Les gardiens prennent place devant les buts.

Le Dr Julien arrive. Une fillette d'environ dix ans se jette littéralement sur lui. « J'ai eu un beau bulletin ! s'exclame-t-elle, tout sourire. Ç'a super bien été cette année, je ne suis pas allée une seule fois au local pendant la récré ! »

L'homme lui sourit en retour et lui rappelle qu'elle est belle, quoi qu'en dise sa mère.

La foule grossit. L'école est finie, vive les vacances !

Les six hockeyeurs viennent à la rencontre de nouveaux joueurs.

La partie peut commencer.

Le soleil brille.

La vie continue !

ANNEXES

La Fondation du Dr Julien en quelques mots

NOTRE MISSION

Permettre à chaque enfant de développer son plein potentiel dans le respect de la Convention relative aux droits de l'enfant et assurer la pérennité de la pédiatrie sociale en communauté pour le bien-être du plus grand nombre d'enfants possible.

NOS OBJECTIFS

Influencer les manières de faire auprès des enfants vulnérables du Québec et aider les établissements publics à accroître l'accessibilité et l'adéquation des services auprès de cette population.

NOTRE APPROCHE, LA PÉDIATRIE SOCIALE EN COMMUNAUTÉ

1. Un modèle interdisciplinaire, intersectoriel et mobilisateur, qui permet d'atteindre les populations issues d'un milieu vulnérable.
2. Une intervention précoce, qui permet de dépister les sources de stress toxique chez les enfants.

3. Des actions en complémentarité avec les établissements, la famille et la communauté, qui s'éloignent de la notion de « prise en charge » pour adopter celle de l'*empowerment* et de l'engagement de l'enfant, de sa famille et de la communauté.
4. Un accompagnement intensif et personnalisé du développement de l'enfant, selon sa trajectoire de vie.
5. Une contribution au respect de la Convention relative aux droits de l'enfant.

Pour en savoir plus :
www.fondationdrjulien.org
facebook.com/FondationDrJulien
twitter.com/FondDrJulien

Les grandes lignes de l'histoire de la pédiatrie sociale au Québec

1990-1997
Le Dr Julien établit les fondements de la pédiatrie sociale en communauté au Québec et met au point son approche clinique. Il mobilise les partenaires autour des enfants des milieux vulnérables, afin qu'ils aient un meilleur accès aux soins et aux services publics.

1997
Il incorpore le premier centre de pédiatrie sociale en communauté sous le nom d'Assistance d'enfants en difficulté (AED), dans le quartier Hochelaga-Maisonneuve, à Montréal, avec le soutien de la Fondation Lucie et André Chagnon.

2003
Il incorpore le deuxième centre de pédiatrie sociale en communauté sous le nom de Centre de services préventifs à l'enfance (CSPE), dans le quartier multiethnique de Côte-des-Neiges, toujours avec le soutien de la Fondation Lucie et André Chagnon.

2005
Il crée la Fondation pour la promotion de la pédiatrie sociale (FPPS), afin d'assurer la pérennité du modèle clinique et soutenir son déploiement.

L'Université de Montréal et l'Université McGill reconnaissent les deux premiers centres de pédiatrie sociale en communauté (AED et CSPE) comme des centres de formation universitaire pour les stages obligatoires en pédiatrie et les stages électifs en médecine familiale. Le CSPE et l'AED sont également devenus des centres d'expertise très recherchés par les stagiaires de diverses disciplines reliées au développement de l'enfant.

2007
Le modèle Alliance droit santé (ADS) est établi dans le cadre du volet « défense des droits des enfants » de la FPPS, afin de bonifier les actions en pédiatrie sociale. Pour la clientèle des centres, l'ADS facilite l'accès à la justice et le respect des droits des enfants.

2008
Plusieurs communautés se sont mobilisées au cours des dernières années pour créer leur propre centre de pédiatrie sociale. À compter de 2008, la FPPS offre un soutien et une formation continue aux centres en émergence.
La FPPS établit une entente de partenariat avec l'AMLFC (Association des médecins de langue française du Canada, maintenant appelée Médecins francophones du Canada) pour assurer le développement de la formation continue des médecins.

2009

La FPPS se restructure pour mieux atteindre ses objectifs. Elle change de nom et devient la Fondation du Dr Julien (FDJ).

Me Hélène (Sioui) Trudel lance l'idée d'un Garage à musique pour bonifier les services offerts par la Fondation.

2010

Après une année financière particulièrement difficile, le gouvernement du Québec octroie à la Fondation du Dr Julien un soutien financier sur trois ans, à raison d'un million de dollars par année.

2011

Le Fonds québécois de recherche sur la société et la culture (FQRSC) amorce une évaluation sur deux ans du modèle de pédiatrie sociale en communauté, en collaboration avec le ministère de la Santé et des Services sociaux[10]. L'étude a comme objectifs d'analyser l'intégration des services, d'identifier les particularités de l'approche et de cerner certains effets et bénéfices des centres de PSC qui existent au Québec, tout en évaluant comment cette approche pourrait s'arrimer et s'inscrire en complémentarité aux services déjà offerts par le réseau de la santé et des services sociaux. Les conclusions de l'évaluation devraient être connues au printemps 2014.

La FDJ mise sur la pérennité de son approche et met en place un volet de transfert des connaissances.

---

10. Pour plus d'informations : www.fqrsc.gouv.qc.ca.

Elle consolide ainsi la formation continue et le soutien offerts aux centres de pédiatrie sociale en communauté et pousse le développement d'un curriculum universitaire conjoint (médecine, droit, sciences sociales). Elle regroupe tous les acteurs de la pédiatrie sociale au Québec à travers un premier Symposium de pédiatrie sociale, les 1er et 2 décembre 2011.

2012
Le ministère de la Santé et des Services sociaux prolonge son entente de financement avec la FDJ jusqu'en 2015, à raison d'un million de dollars par année.

À ce jour, douze centres de pédiatrie sociale en communauté sont en service dans plusieurs régions du Québec et d'autres centres sont en déploiement au pays, de Vancouver à Moncton en passant par Saskatoon et Toronto. Ils s'inspirent de l'approche du Dr Julien, mais leur financement et leur gouvernance sont autonomes.

La Convention relative aux droits de l'enfant

La Convention relative aux droits de l'enfant (1989) repose sur sept grands principes.

1. Les enfants naissent égaux en droit.

2. L'intérêt supérieur de l'enfant gouverne les décisions qui le concernent.

3. L'enfant jouit de libertés et de droits civils.

4. La communauté entière doit s'impliquer auprès des enfants pour soutenir leur famille.

5. L'enfant naît et grandit en santé.

6. L'enfant s'instruit, s'amuse et s'ouvre sur le monde.

7. L'enfant a le droit d'être protégé sur tous les plans.

Un séjour dans la clinique du Dr Julien

PAR GINETTE MOREAU, CENTRE JEUNESSE DE LAVAL, EN SOUTIEN À LA MISE SUR PIED DU CENTRE DE PÉDIATRIE SOCIALE DE LAVAL

En tout premier lieu, il faut spécifier que la pédiatrie sociale est une pratique médicale, mais une pratique qui va plus loin que l'examen physique suivi de la prescription. En pédiatrie sociale en communauté, les autres aspects du développement global sont pris en compte dès la première visite. Une évaluation complète est établie. Hormis la pesée, la description des maux physiques, la courbe normale de croissance du développement physique de l'enfant, on regarde entre autres le développement du langage, les acquis au niveau cognitif et les habilités sociales. Par exemple, le médecin vérifie les progrès dans les domaines du langage et de l'écriture chez un jeune enfant ayant bénéficié d'ateliers de stimulation, et ce, de façon très concrète. Le médecin lui demande d'écrire, le félicite de ses efforts et donne des explications aux parents, tout en vérifiant leur confort face à la situation.

C'est une médecine « en mouvement dans son diagnostic ». On parle, on interroge, mais on vérifie aussi la motricité et la réaction face à un adulte inconnu. Regarde-t-il la personne qui lui parle ? Est-il méfiant ? On vérifie les oreilles, mais on lance aussi la balle, on joue avec l'enfant, on lui parle pour observer ses réactions. Comment comprend-il ce qu'on lui dit ? Comment se fait-il des amis ? On s'informe de ce qui se passe à l'école et dans la cour d'école. Vit-il du harcèlement ? On passe de l'évaluation physique à l'évaluation cognitive, puis aux comportements sociaux.

La pédiatrie sociale, c'est aussi une médecine « en mouvement dans la salle de consultation ». Eh oui ! Le médecin se déplace de sa table d'examen à la causeuse puis à l'espace jouets ; il suit le jeune des yeux et va le rejoindre pour vérifier ses hypothèses. Il interroge l'adulte, parle à l'enfant, se questionne et interagit avec les personnes présentes en laissant à chacun la place pour s'exprimer, surtout à l'enfant et à ses parents.

Une belle danse se joue autour de l'enfant et surtout avec lui pour un accompagnement cohésif, intensif, personnalisé. La pédiatrie sociale n'est pas statique, elle commande le mouvement dans la salle de consultation, mais aussi dans la recherche de solutions, car l'urgence d'équiper les enfants pour une réussite scolaire demande une action rapide.

Chaque enfant ou parent a droit à ce que sa force soit nommée et même renommée, et ce, sans condescendance, avec crédibilité. On mise sur le don et l'intérêt de l'enfant. À celui qui dit s'intéresser au FBI, on propose un camp à Nicolet avec une thématique policière où le centre AED a des places réservées. À la famille dont les parents ont une scolarité de début de secondaire, mais dont l'aînée est une première de classe, le centre offre la poursuite de sa scolarité dans un collège privé, où là aussi des places sont réservées.

En pédiatrie sociale, on parle d'équipe multidisciplinaire et d'adultes significatifs autour de l'enfant. Dans la salle d'examen, autour de la table, on accueille parents, frères, sœurs, intervenants des parents, éducatrice, orthophoniste, représentant scolaire; toute personne qui, en quelque sorte, peut et veut soutenir la famille. On parle alors de responsabilités partagées, d'autonomie des familles et des milieux.

Des mots clés et des phrases types entendues lors de deux journées d'observation auprès du Dr Julien:

« Mais il est brillant cet enfant », « C'est un bel enfant. »

« Vous devez être fier de vous. »

« Vous n'êtes pas les seuls parents », « Ce n'est pas le seul qui a ça. »

« Ca ne sert à rien de penser que c'est votre faute, l'enfant capte. »

« Faut arrêter de penser que c'est votre faute. Boire enceinte n'est pas bon, mais continuer à penser que c'est votre faute, votre enfant va réagir. Il a besoin de sentir que vous êtes solide. »

« On est là, me faites-vous confiance ? »

On rassure, déculpabilise, normalise et, idéalement, on agit rapidement pour profiter de la courte fenêtre d'opportunité avant l'entrée scolaire. À l'intervenante qui se demande si on doit s'informer d'un enfant qui a été référé, on répond: « Ce n'est pas parce que nous référons que l'on n'est plus responsables de nos enfants. »

L'approche est basée sur trois éléments essentiels : le respect, la confiance et la proximité

Au quotidien, le respect se traduit ainsi :

- les parents sont traités en partenaires adultes, responsables de leurs enfants ;
- les enfants ont droit de parole ;
- les lieux sont à l'échelle des enfants et leurs familles plutôt que pour les intervenants ;
- les hypothèses cliniques sont signifiées aux parents et, dans l'ignorance, on traduit franchement ce qui nous embête. La démarche ouvre la recherche de solutions aux personnes présentes ;
- il n'y a pas de cachotteries ; la transparence est de mise en tout temps.

Il y a le savoir, le savoir-faire et le savoir-être. En pédiatrie sociale, on se doit « d'être là », « d'être avec », c'est-à-dire présent à ce qui se joue dans la pièce, aux interactions, au verbal tout comme au non-verbal. Derrière cette mère qui arrive avec ses deux enfants et la travailleuse sociale du CSSS qui semble en contrôle, on découvre une famille en crise. Rapidement, on propose la mise en place d'un Cercle de l'enfant. Dans une autre situation, une mère hésite face à la médication proposée ; on en parle, on la rassure, et ce, même si c'est la grand-mère qui a la garde de l'enfant. On les remercie de leur présence. Un échange est alors possible entre ces deux femmes pour le bien-être de l'enfant.

Dans le concret, la confiance se construit par :

- la patience, la douceur, la chaleur dans l'approche et le contact avec l'enfant. ;
- le premier bonjour qui s'adresse à l'enfant ;

- la discussion, l'écoute, le respect des réticences et le temps pour l'apprivoisement;
- une attitude de soutien plutôt qu'une prise en charge;
- des solutions concrètes envisagées.

On se souvient que le développement optimal ne peut faire face aux listes d'attente ou aux agendas remplis des professionnels. Quand on dit que l'on documentera un logement insalubre, le rendez-vous est pris avec la mère pour les photos dans les jours qui suivent, l'appel à la personne qui s'occupe de ces dossiers est passé en sortant de la consultation et les conséquences d'un tel mouvement sont envisagées afin de prévoir les suites et rassurer la mère.

Dans le concret, la proximité veut dire:
- être à la portée de l'enfant, dans son milieu de vie, près de son domicile, de son école. Il pourra venir rapidement aux activités proposées. Plus vieux, il y viendra seul;
- proposer un centre qui prend la couleur et répond aux besoins du milieu où il est implanté;
- établir des collaborations étroites de référence, de prévention avec les écoles et les organismes du quartier. Le suivi est d'autant amélioré et facilité.

Deux autres éléments doivent être pris en compte en pédiatrie sociale: l'aménagement des lieux ainsi que le temps

L'aménagement des lieux

La table de travail où s'installent toutes les personnes concernées est l'élément principal de la salle d'examen;

cette salle n'est pas le bureau du médecin mais un lieu où l'on accueille la famille. C'est une pièce ouverte remplie de dessins d'enfants et de photos de ces derniers.

Sur cette table se retrouvent crayons, feuilles vierges, formulaires de référence, autorisations de transmission d'informations... et un gros plateau de fruits où enfants, parents et intervenants piochent allègrement.

Dans cette pièce, on trouve également un coin jouets pour capter l'attention des enfants, mais aussi pour vérifier leur motricité ou les apprivoiser en jouant avec eux.

C'est un lieu accueillant pour les enfants et à l'échelle de ceux-ci.

Le temps

Chaque visite permet de faire le tour de la situation, d'accorder la parole à tous et d'observer l'enfant dans ses sphères de développement.

Le temps est au service des familles; on prend le temps nécessaire sans bousculer.

Il y a aussi le temps de réaction qui se doit d'être court. Sur place, on signe les formulaires, les autorisations. En sortant, on inscrit la prochaine consultation et on enclenche les démarches ultérieures. La coordination des suivis est faite sur place.

Un urgent plaidoyer pour les enfants

PAR LE DR GILLES JULIEN

Publié dans le quotidien *Le Devoir*, section « Libre opinion », 17 février 2012

Récemment, la DPJ a repris le contrôle du centre La Transition, une ressource privée de supervision et d'hébergement pour les jeunes enfants dans le quartier Hochelaga. Bien payée par les Centres de jeunesse de Montréal et sans compétence évidente, cette « business d'enfants » jugeait de la qualité des relations parents-enfants, hébergeait des enfants extrêmement vulnérables et faisait même rapport au tribunal dans des affaires familiales extrêmement délicates qui normalement relèvent de professionnels de grande compétence. On y aurait également décelé des fraudes importantes. Le reportage diffusé à l'émission *Enquête* hier soir à Radio-Canada apportait un éclairage intéressant sur cette triste affaire.

Or, il y a trois ans, mon équipe a été interpellée par plusieurs familles au sujet de ce centre aux pratiques douteuses. J'avais personnellement été étonné que la DPJ sous-contracte au privé un mandat qui lui revient en propre. Nous avions alors rencontré les propriétaires pour en savoir plus, puis la DPJ par la suite, pour dénoncer cette situation tout à fait inacceptable. Ce n'est que trois ans plus tard que le contrat avec les propriétaires frauduleux a été résilié. Peut-on parler d'éthique et de protection des enfants dans une telle situation ?

Les dommages collatéraux, personne n'en parle. Les droits bafoués par ces situations, personne ne s'en préoccupe. Pour les responsabilités de ces négligences et de ces incompétences, personne ne répond présent. Est-ce normal qu'encore une fois ce soient les enfants et les familles les plus vulnérables qui en font les frais, et ce, dans une société qui se vante de la qualité de ses systèmes ?

Cette situation déplorable démontre qu'une réflexion profonde s'impose au sujet des enfants du Québec, de leur place, de leurs succès et de la valeur qu'ils représentent dans notre société moderne. Une action renouvelée, plus globale, doit se mettre en place dès maintenant pour rattraper le temps perdu et offrir à tous les enfants des chances égales de réussite. Pour bien définir ces actions, il faut tenir compte des constats actuels, de certains bons coups et aussi de ratés évidents.

LES OCCASIONS RATÉES

D'entrée de jeu, la prise en charge exclusive des services aux enfants par l'État est une erreur. Elle a causé un effet direct et pervers, celui de la démobilisation des familles et des communautés.

De là découle l'instauration subtile, mais réelle, du « travail en silos ». On a raté la jonction de la santé et des sciences sociales ; on a isolé les écoles des services de santé locaux. La médecine, pour les besoins de la cause, a divisé les besoins de l'enfant en différents systèmes, en oubliant souvent les liens essentiels entre eux. La protection de la jeunesse est devenue une propriété exclusive basée sur la délation.

Force est de constater que le résultat final est peu reluisant et que les coûts en sont exorbitants. Dans un tel contexte, il y a très peu de place pour le changement et encore moins pour l'innovation. Quand avez-vous vu les recommandations ou le bon coup d'un enseignant, d'un médecin d'hôpital, d'une travailleuse sociale de la DPJ ou d'une infirmière de CLSC faire son chemin à travers les différents niveaux de hiérarchie pour changer le système ? Ils sont pourtant les mieux habilités pour faire avancer la compréhension des besoins des enfants, à l'inverse des pseudo-spécialistes qui écrivent les recommandations et les réformes sur leur table à dessin, isolés de la vraie vie et du monde.

Il reste tout de même des personnes qui travaillent d'arrache-pied auprès des enfants pour améliorer leur sort. La vraie force du Québec réside dans ces gens sur le terrain qui souhaitent non seulement mieux faire, mais travailler ensemble, en consensus pour faire réussir tous les enfants.

LES PISTES DE SOLUTION

Repenser le contrat social, voilà le véritable enjeu, en redonnant les enfants aux communautés en termes de responsabilité et d'imputabilité, en misant sur les forces vives de la société pour les soutenir, ce qui comprend les gouvernements, mais aussi la société civile et les entrepreneurs. Ce n'est plus l'État qui prend en charge les enfants et qui décide pour eux, mais bien la famille et la communauté d'abord, avec l'aide des grandes institutions de l'État.

En ce sens, agir immédiatement avec une approche de services intégrés offre beaucoup plus de chances de réussite, tout en évitant d'exclure les enfants vulnérables des différents systèmes (la garderie, l'école, etc.). L'approche de la pédiatrie sociale en communauté démontre qu'agir dans les milieux vulnérables, autour des enfants, avec un modèle de proximité et d'intégration des services permet de mobiliser les forces vives de la communauté et des institutions et d'agir en concertation. L'enfant a accès à un lieu d'expertise dans son quartier, pour préciser ses besoins et définir un plan d'action qui lui assurera une trajectoire de succès. Cette façon de faire inclut toutes les personnes significatives dans la vie de l'enfant. L'effet sur sa santé et son succès est puissant et persistant avec un rapport coût-bénéfice avantageux.

Je soutiens également la création d'une commission populaire de surveillance de la qualité des soins aux enfants. Cet organe pourrait soutenir les initiatives et la créativité locales pour assurer l'intégration des pratiques et des services offerts aux enfants dans la communauté. On pourrait ainsi s'inspirer de la fonction du « commissaire des droits des enfants » présent dans certains pays et qui assure cette autorité auprès des gouvernements et de la population, pour un maximum de clarté et d'efficacité.

« Tous ensemble pour les enfants » devient ainsi une mission commune, rassembleuse et passionnante pour la réussite équitable de tous les enfants. Elle appartient à tous, chacun à sa façon, enfant après enfant, pour le meilleur de notre monde.

Suivez les Éditions Libre Expression
sur le Web :
www.edlibreexpression.com

Cet ouvrage a été composé en New Baskerville 12,5/15,5
et achevé d'imprimer en août 2012
sur les presses de Marquis imprimeur, Québec, Canada

certifié | procédé sans chlore | 100% post-consommation | archives permanentes | énergie biogaz

Imprimé sur du papier 100 % postconsommation, traité sans chlore,
accrédité Éco-Logo et fait à partir de biogaz.